静岡では珍しい品種の
里芋を作ってます

トマトの卵炒め、
ぜひやってみてください

今夜はおいしい
旬彩ごはん!!
ヤルヤル！
おてつだいしたーい

本書で使用したマークの説明

住……………………………住所
Ｔ・☎……………………電話番号
営……………………………営業時間
休……………………………定休日など
P……………………………駐車場
席……………………………席数
（カ＝カウンター、掘＝掘りごたつ
テ＝テーブル、個＝個室）
申……………………………申し込み方法
¥……………………………価格

※本誌に掲載した情報は2015年1月現在のものです。営業時間、価格、飲食店のメニュー等に変更が生じる場合がございます。

＊静岡市の農水産物情報はインターネットサイト「ZRATTOしずおか」にも掲載しています。どうぞご利用ください。

静岡市の旬の食材、ズラッと紹介します。
ZRATTO! しずおか http://zratto.com
ZRATTOしずおか 検索

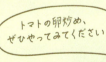

静岡市の海の幸・里の幸・山の幸マップ

「多くの人においしさをお届けしたい」、
「とれたての味を知ってほしい」—。
そんな想いで丁寧に作られ、
私たちの手元に届けられる
静岡市の食材は本書で紹介するものだけで
こんなにたくさん。
さぁ今日は、どの旬を買いに出かけましょうか。

春夏秋冬 旬のカレンダー

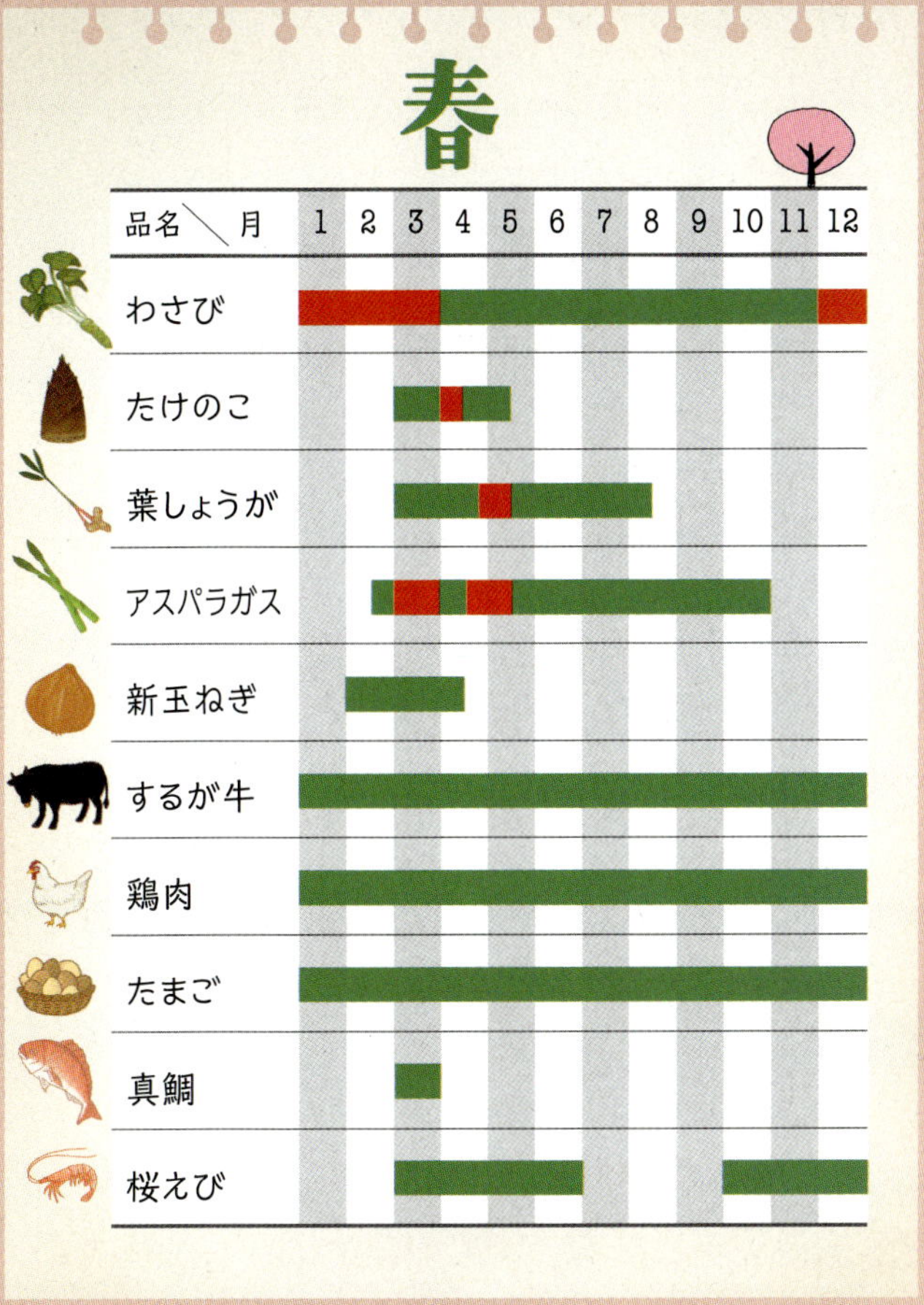

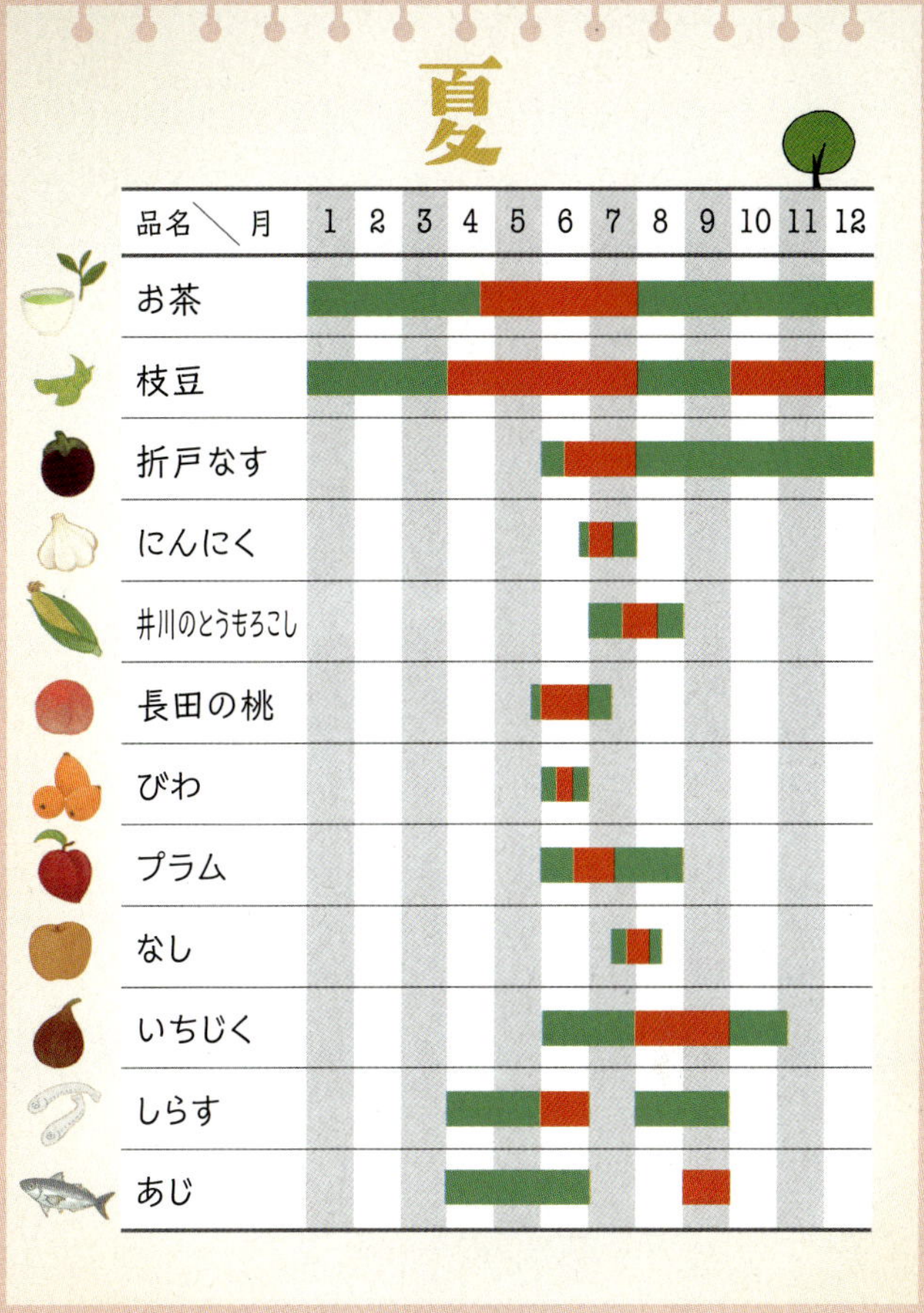

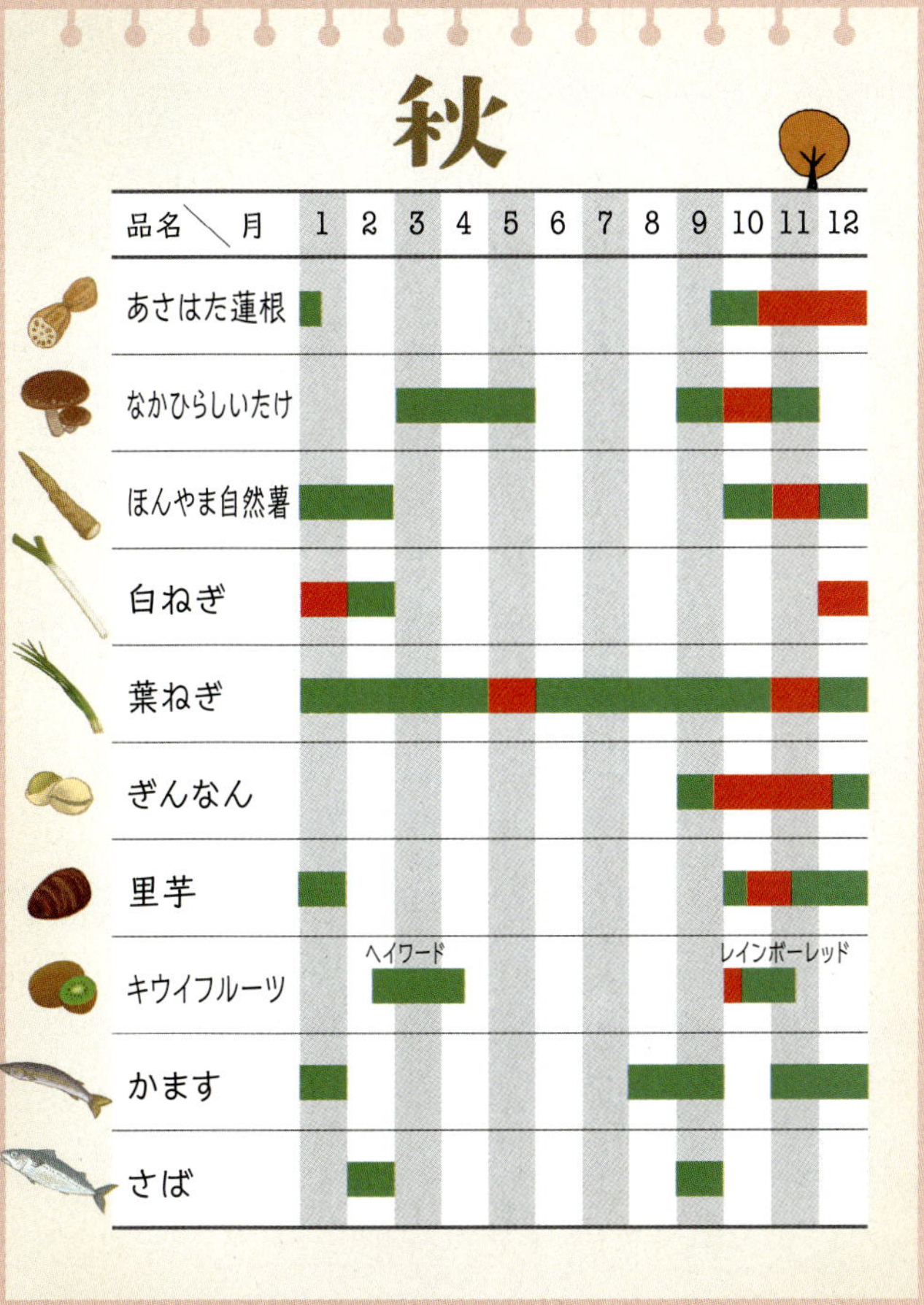

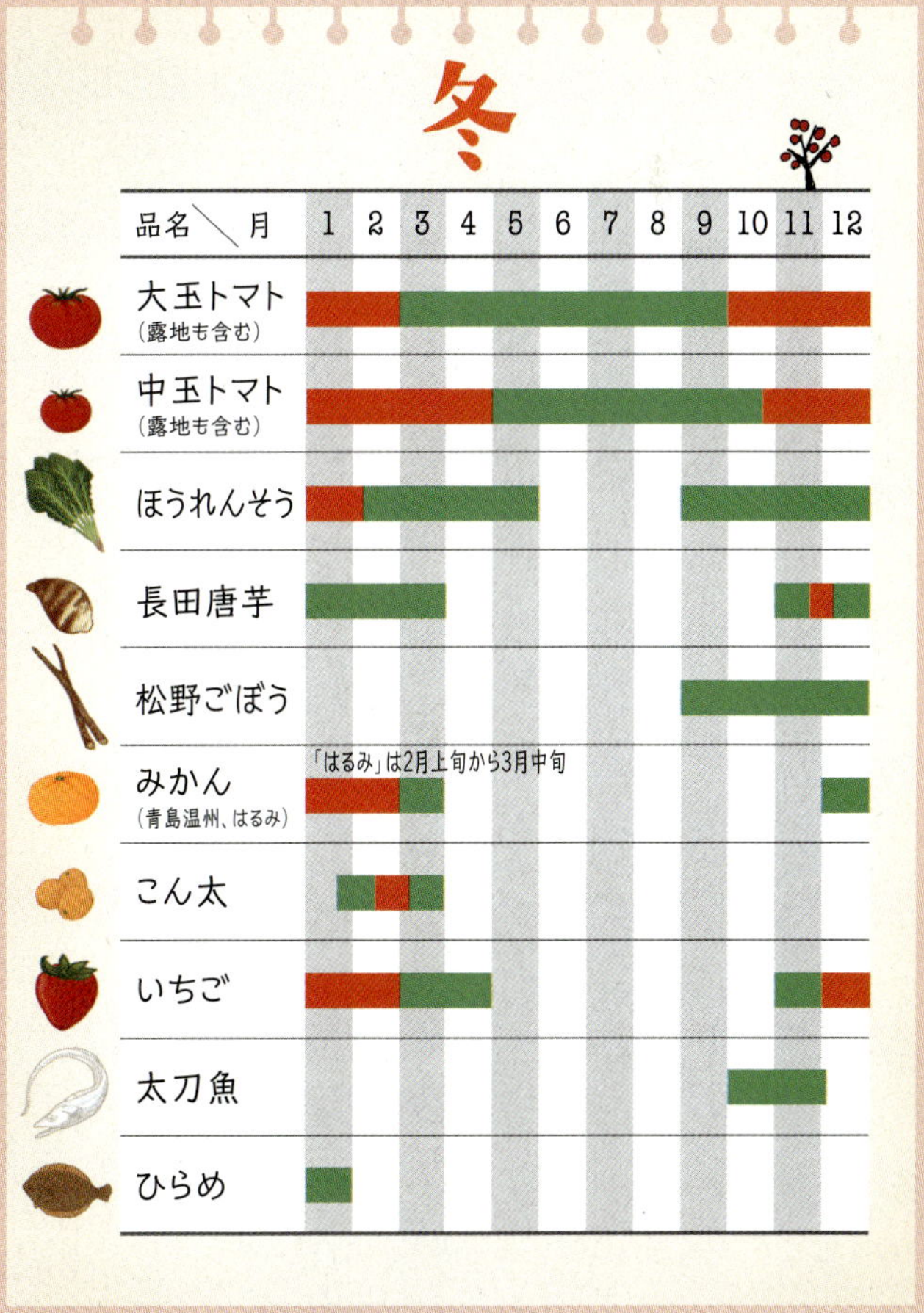

■ 買える時期　■ 出荷の最盛期（最盛期がある場合のみ表示）

※農水産物はその年の天候や気温の変化によってとれる時期が変動する場合があります。あくまでも目安として表示しております。

しずおか旬彩ごはん

冬の眠りから覚め、
やわらかな緑が芽生える春、
静岡には生命力に満ちた
おいしい食材が出そろいます。
春漁で水揚げされた海の幸や、
温暖なこの地ならではの恵みは、
食卓を春色に
彩ってくれるでしょう。

桜えびの沖漬け

P05

しらすと絹さやのだし巻き卵

P45 P11

アスパラガスごはん

P09

葉しょうがと桜えびの炒め物

P08 P44

新玉ねぎの鶏あんかけ

P09 P10

◇料理考案・制作／遠山由美(シニア野菜ソムリエ)　◇スタイリング協力／うつわ暮らしの道具 テクラ

生アスパラのきれいな色&食感を
炊いて香りを移したご飯と共に

アスパラガスごはん

【材料】作りやすい分量(4〜6人分)

アスパラガス……2束
白炒りゴマ……大さじ2
Ⓐ 米……2合
酒……大さじ2
水……酒と合わせて炊飯器の2合の目盛りまで
塩昆布……20g
塩……少々

【作り方】

①アスパラガスの乾燥した根元は切り捨てる。軸のかたい部分は②で炊くときに使うので残しておく。食べる部分は小口切りから薄切りにする(炊き上がった後に③で使用)。
②炊飯器の内釜にⒶを入れ、①の残しておいたアスパラをのせて炊く。
③炊き上がったらのせたアスパラガスを取り除き、①で切ったアスパラガスをのせ10分ほど蒸らす。白炒りゴマを振ってよく混ぜる。

②

③

だしの風味豊かにふっくらと
しらすの塩気がアクセント

しらすと絹さやのだし巻き卵

【材料】2〜3人分

釜揚げしらす……大さじ2
卵……5個
絹さやえんどう……3枚
塩……適量
みりん……適量
氷……適量
Ⓐ 出汁……120cc
薄口醤油……大さじ1
砂糖……小さじ2杯
みりん……小さじ2杯

②

茹でた後、みりんに浸すのは精進料理の手法。青物がよりおいしく味わえる。

【作り方】

①卵は軽く溶く。Ⓐをしっかり混ぜ、卵にⒶを混ぜ合わせて濾し器で濾す(なければザルで代用)。
②絹さやは筋を取り、海水程度(=3%)の塩辛さにした熱湯で20秒茹で、氷と浸る程度のみりんを入れたボウルにとって冷ました後、斜め千切りにする。
③釜揚げしらすと②を①に混ぜる。
④卵焼き器をしっかり熱し、油(分量外)をひいて卵焼きを作る。巻きすで巻いて形を整え、食べやすい大きさに切る。

早春ならではの甘い新玉で
あったか&とろ〜りの一皿を

新玉ねぎの鶏あんかけ

【材料】2人分

新玉ねぎ……2個
鶏ひき肉……50g
Ⓐ たけのこ(水煮)……15g
出汁……1カップ
砂糖……大さじ1/2
薄口醤油……大さじ1
塩……少々
Ⓑ 片栗粉……大さじ1
水……大さじ1

④

【作り方】

①新玉ねぎは皮をむき、下の方を薄く切り取る。上面に深さ2cm程度の切込みを十文字に入れる。ラップでゆるめに包んでから耐熱皿にのせ、レンジで1個につき4分加熱する。
②Ⓑをしっかり混ぜる。
③Ⓐのたけのこをみじん切りにし、残りのⒶの材料と一緒に鍋に入れ、ひと煮立ちさせる。
④鶏ひき肉を加え、再沸騰したらアクを取る。木べらなどでかき混ぜながら、再度よく混ぜた②を少しずつ加える。沸騰したらさらに1分程度ゆっくり混ぜ、とろみを安定させる。
⑤器に玉ねぎをよそい、熱々の④をたっぷりかける。

食卓に華を添える
駿河湾からの贈り物

葉しょうがと桜えびの炒め物

【材料】2人分

葉しょうが……正味150g
油……適量
塩……適量
釜揚げ桜えび……大さじ2
Ⓐ 砂糖……少々
塩……少々

【作り方】

①洗った葉しょうがを皮ごと千切りにし、水気を取ってビニール袋に入れ、油をからめる。油が行き渡ったら軽く塩をまぶす。
②フライパンに①を入れ、強火でさっと炒める。
③香りが立ったら釜揚げ桜えびを加え炒め、Ⓐで味付けする。

酒肴、ご飯の友に人気

桜えびの沖漬け

ピチピチと跳ねる獲れたての桜えびを由比の漁師が夜漁の後、新鮮なうちに特製ダレに漬け込んで作っている。解凍してそのまま皿に盛れば立派な酒の肴になり、白いご飯にのせてもおいしい。1袋150g入り1000円。由比港漁協直売所などで販売。

※電子レンジは記載がない限り600Wを使用

わさび

買える時期 1 2 3 4 5 6 7 8 9 10 11 12
通年

家康公が門外不出にした逸品 ワサビ田の風景はオクシズの秘宝

今や世界の一流料理人からも注目されるジャパニーズハーブの王様、ワサビ。静岡市街地から安倍川沿いに北へ30㎞、標高700mの山中にある有東木地区はワサビ栽培発祥の地で今もその伝統が脈々と引き継がれている。

遡ること約400年前、住民が「山葵山」と呼ぶ標高1000m付近の渓谷に自生する原生ワサビを井戸頭と村人が呼ぶ村の遊水地に植えたのが人工栽培の始まり。大御所として駿府城に居を構えた徳川家康が大層気に入って門外不出の品として珍重したという。

清らかで温度が一定の豊富な水が不可欠なワサビ。冬でも清流が凍らない静岡市山間地はまさに栽培適地。生食用ワサビの生産高は静岡県が全国1位を誇り、有東木以外に安倍川、藁科川水系、井川、そして清水区両河内でも生産される。春は花ワサビ、春～秋には茎ワサビと、それら加工品は静岡土産の定番だ。茎は塩昆布和え、葉は天ぷらで味わうのもお薦めだ。

辛さの中に独特の甘みがあるのが良質なワサビの証し。ワサビは有東木からやがて伊豆や富士山麓へと産地が広がった日本原産の植物だ。

国指定重要無形文化財の伝統芸能など、固有の文化を残す有東木地区。この地域そのものが静岡市の財産だ。

1.17代続く生産者の白鳥義彦さん。斜面の高低差を利用した畑は先人たちの苦労と努力の賜物だと感じている。
2/3.アルカリ玄武石の地層からミネラル豊富な水が一年中12℃前後で流れる。冬は湯気が立ち幻想的な光景に。
4.有東木の「うつろぎ」ではワサビ葉の天ぷらがつく蕎麦や加工品が名物。
5.ワサビ漬け、ワサビ味噌、ワサビ海苔など多彩な加工品。作り手により味も違うので食べ比べてみて。

農家さん 直伝レシピ

ワサビこぶ

材料

ワサビ茎300g、塩10g、塩昆布16g

作り方

❶ワサビ茎は長さ2cmに切り、塩と合わせて重石をしておく。
❷①のワサビの茎に熱湯をかけ、手早くザルにとって水切りし、冷ます。
❸冷めたら塩昆布と混ぜ合わせる。
※熱湯につけすぎると辛みが抜けてしまうので注意。

知っ得メモ

【選ぶ時のコツ】

太さが均一で緑が美しく重みがある。葉柄が落ちた痕である目（こぶ）の間隔が詰まったものはゆっくり成長したもので、中身が充実している。

【上手な保存法】

水気が残ると黒ずむので水気を拭き、乾いたペーパーかラップにくるみ厚手のビニール袋に入れて冷蔵。

すって小分け冷凍も可

ここで買えます

JA静岡市じまん市各店

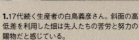

竹かんむりに旬と書いて「筍」。両河内産はやわらかく甘みもありアクが少ない。

1.和食以外にも使い道が豊富。パスタや中華料理にも。
2.JAグリーンセンターで販売していた「たけのこ磯辺揚げ」。素材は両河内産だ。

たけのこ

買える時期 1 2 3 4 5 6 7 8 9 10 11 12
3月～5月中旬

採れたてが何より美味 味、香り、食感の三拍子で春満喫

タケノコなんて、竹林に自然に生えてくるもの…と思っていたら大間違い。収穫後のお礼肥えに始まり、除草、伐採、地面の保温作業と年間を通して丁寧な栽培管理が求められる。「土の中にさえあれば、タケノコは大きければ大きいほどうまいけど、大きくなりすぎると地上に出てくるのが遅れ、お茶が始まる5月が収穫期になってしまう」と生産者の細沢好政さん。おいしさとここ両河内地区の作物栽培暦を考え合わせての判断なのだ。良質品の成長にいいとされる赤土、水はけのよい急斜面、日当たりと風通し、そして長年の経験からくる判断。これらが相まっておいしいタケノコは作られる。そのおいしさゆえ両河内産の規格品は100％東京送り。地元で食べたいなら毎年4月の第2土曜日に開催の「善光寺と布沢たけのこ祭」で茹でたてを購入できる。市内では清水区内各地のほか、葵区藁科地区を中心に山間地で生産されている。

農家さん直伝レシピ

タケノコの煮物

材料
ゆでタケノコ300g、花かつお1カップ、粉かつお適量、醤油大さじ2、調味料(A)…砂糖大さじ4、みりん小さじ2

作り方
❶ゆでタケノコを厚さ1.5cmの輪切りにし、太い所は半月切り、先端は縦半分に切って大きさを揃える。
❷①を鍋に入れ、かぶる位の水と花かつお（紙パックに入れた物を使用）を入れ中火にかける。
❸煮立ったら(A)で味をつけ、落とし蓋をして7～8分煮る。甘味がよくしみたら醤油を加えて、煮汁が半量位になるまで中火で鍋返しを2～3回しながら気長に煮る。
❹器に盛り煮汁を少量かけ、好みで粉かつおをかける。

知っ得メモ

【選ぶ時のコツ】
先端が淡い黄色で外皮はしっとりと毛羽立ち、根元の粒々が小さく色の薄いもの。切り口がみずみずしく白いもの。

【上手な保存法】
収穫後なるべく早く下茹でしアクを抜いてから、水で満たした密閉容器に入れて冷蔵庫へ。

水は毎日交換すること！

ここで買えます
産直プラザふれっぴー各店、JA静岡市じまん市各店

管理された竹林は、明るく風通しもいい。「この竹がオス、これはメス」。斜度52度の急斜面を案内してくれた細沢さん。75人で構成するJAしみずの両河内筍部会の部会長だ。

青々とした葉付きで出荷され、白い肌と茎の付け根の紅色が静岡産の特徴。真冬でも霜が降りない市内唯一の無霜地帯・久能のほか三保・駒越でも作られる。可食部分が翼を広げたツバメ型なのがいい形なのだそう。

1.砂地のハウス内を、冬も約40℃に保って栽培。
2.洗いや選別はすべて手作業。鮮度抜群のおいしさを届けるため、早朝に収穫し、てきぱきと調整していく。
3.「葉しょうがに味噌」は定番の食べ方。

葉しょうが

買える時期 1 2 3 4 5 6 7 8 9 10 11 12
3月初旬〜8月上旬

日本一早い出荷で「春」をお届け 爽やかな辛み、おつまみにも最高

口いっぱいに広がる爽やかな辛さとカリッとした食感がたまらない葉しょうがは、食卓に春の訪れを告げる旬の味。地元にいると分からないが、実は静岡市の久能地区は、日本一早い3月初旬に出荷が始まる「早出しの産地」として名高い。県別生産量で日本一を誇る千葉県産が、5月に出回る前の3〜4月は、出荷量も日本一。市場で高く評価されるブランド野菜だ。

砂地で育つため筋っぽさが無く、辛さがマイルド。静岡弁で言う「みるい」(やわらかい)食感は、どの世代にも食べやすい。JA静岡市久能葉しょうが委員会の長島慎一郎さんは「特に若い人に静岡産のおいしさを知ってほしい。普段の食卓にどんどん取り入れて」と話す。

好みの味噌を添えて出せばそれだけで立派な一皿になり、お酒のおつまみにも箸休めの一品にもなるうれしい食材。味噌を混ぜたマヨネーズを付ける食べ方もお薦めだそうだ。

知っ得メモ

【選ぶ時のコツ】

葉が青々と元気で、可食部分の白い部分が茶色くなっていないものが鮮度がいい。

【上手な保存法】

鮮度が命なので、早めに食べ切りたい。やむを得ず保存する場合は濡れた新聞紙でくるみ、野菜室で冷蔵。

ここで買えます

JA静岡市じまん市各店、JAしみずアンテナショップきらり

農家さん直伝レシピ

刻み葉しょうがのごまサラダ

材料

葉しょうが適量、鶏ささみ1本またはシーチキン適量、市販のごまダレ(ごまドレッシングも可)

作り方

❶葉しょうがは斜め薄切りに切る。この時、茎部分も少量薄切りにする。
❷ささみを茹でて細かくさく。シーチキンの場合は油をきって細かくほぐす。
❸①と②を合わせ、ごまダレで和える。

収穫後、来季に備えて葉を茂らせたアスパラガスの畑。小さな赤い実がなった枝は観賞用にも良さそう。

アスパラガス

買える時期 1 2 3 4 5 6 7 8 9 10 11 12
ハウス　露地
2月中旬～10月

採れたての味、ぜひ知って！ 地産地消がおいしい健康野菜

サッとゆでればサラダや料理の彩りに使え、疲労回復効果があると言われるアスパラギン酸やビタミン、カロテンが豊富なアスパラガス。JA静岡市では、お茶との兼業やお茶からの転作で生産者が増え、約25軒が栽培する。ハウスと露地栽培で地区によって収穫時期がずれるため、2月中旬から10月までと長い期間出荷できるのが強みだ。

食べるのは親木の根元から次々と芽吹く新芽の部分。夏は特に成長が早く一日で約10cmも伸びるため、朝夕2度収穫し、その日か翌日に出荷する。甘くて味が濃い採れたてをいち早く食べられるのは、消費者にとって何よりの喜び。地産地消のメリットを感じながら余す所なく味わってほしい。

1.夏場は特に成長が早いアスパラガス。日光を遮るために盛り土をして土中で育てたものがホワイトアスパラ。どちらも品種は同じ。
2.お茶畑を一部切り替えて2年目の三浦敬夫さんは意欲的に取り組む若手生産者。「もっと畑を増やしたい」とアスパラ栽培に燃えている。

知っ得メモ

【選ぶ時のコツ】
鮮やかな緑色で穂先が締まり袴が正三角形のもの。太い方が筋が少ない。真っすぐなもの。

【上手な保存法】
垂直に育ったものは垂直保存が基本。寝かすと曲がって甘さも落ちるため濡らしたペーパーを底に敷いた空き牛乳パックに立てて入れる。

ここで買えます
JA静岡市じまん市各店、JAしみずアンテナショップきらり

新玉ねぎ

買える時期 1 2 3 4 5 6 7 8 9 10 11 12
2月～4月中旬

ジューシーで甘みが強く、「みるい」おいしさを味わえるのが特徴。葉の色が濃くピンとしているのが新鮮な証拠。

砂地だから、早く大きく育ち、肉質がやわらかい。この先できるだけ収穫期を早め、ブランド化を目指す。

つやつやピカピカ 水分たっぷりの甘～い新玉

辛みがなく、サラダなど生で食べてもおいしい新玉ねぎ。県内では遠州が全国的に有名な産地だが、清水区の三保駒越地区でも２０１４年から作られているのは、まだあまり知られていない。促成栽培発祥の地ならではの豊かな日照量と水はけのいい砂地、そして生産者の技術を生かしたもので、新年2月頃から、ひと足早く春の訪れを届けてくれる。今はまだ6軒ほどで、ハウストマトや枝豆など手間や費用がかかる作物の代替として試験栽培を始めたばかり。普通の玉ねぎは常備野菜にすべく乾燥させるが、新玉ねぎは極早生品種を早採りし、水分たっぷりのまま出荷。地元産なので鮮度は折り紙つきだ。見かけたらぜひ手に取ってみて。

知っ得メモ

【選ぶ時のコツ】
ずっしりと重みがあり、肌がしっとりして首の周囲が締まっているもの。品種によるが一般的には腰高より扁平の方がよい。

【上手な保存法】
「お刺身玉ねぎ」と呼ばれるほど傷みやすいため、ビニール袋に入れて冷蔵。2～3日で食べきる。通常の玉ねぎは風通しの良い場所で保存。

ここで買えます
県内主要スーパー

するが牛

買える時期 1 2 3 4 5 6 7 8 9 10 11 12 通年

肉の甘みを感じる オクシズ育ちのブランド牛

口に入れた途端、何とも言えない旨みが口中に広がって思わず笑顔になる上質な牛肉は、いつの時代も食卓の華。安倍・藁科川流域の山里で育つ静岡市独自のブランド牛「するが牛」は、柔らかく適度な弾力もあり脂に甘みがある肉だ。「ストレスを与えない環境で愛情をかけて育ててます」と話す勝山佳紀さんは、葵区水見色にある勝山畜産の二代目。「農林水産祭静岡県畜産共進会 肉牛(交雑種)の部」で優勝経験もある期待の若手だ。

BSEや子牛の減少、飼料の値上がりなど取り巻く環境は厳しいが2軒しかないするが牛生産者の一人として日々奮闘する。「脂身とコクのある赤身のバランスがいい。ぜひロースやサーロインを味わってほしい」。

1.オクシズで肥育される静岡市独自のブランド牛。花城精肉店などでも購入できる。
2.生後24カ月頃まで育てた交雑種。
3.牛糞は敷地内で堆肥化、周辺の農家で肥料として活用される。
4.良質な脂と赤身でとろけるようなやわらかさ。
5.幼少期から親の仕事を間近に見て育った勝山さん。勝山さんが育てた牛はいい顔をしていると言われるそう。

知っ得メモ

【選ぶ時のコツ】
肉に艶があり乳白色の脂肪分と鮮紅色の赤身の対比が美しいもの。脂肪は好みだが程よくサシが入ると美味。

【上手な保存法】
水気を拭き、酸化や雑菌の繁殖を防ぐためにラップできっちり包み直して保存用ポリ袋などに入れる。

ここで買えます
JA静岡市じまん市各店(週末)

鶏肉(ブロイラー)

買える時期 1 2 3 4 5 6 7 8 9 10 11 12 通年

良質なタンパク源 安心・安全なら国産が一番!

高タンパクで低カロリー、その上いろいろな食材と相性がいい鶏肉は常に常備しておきたい食材。中でも生後7~8週の短期間で出荷する若鶏(ブロイラー)は、生産効率がよく価格も手頃で鶏肉生産の根幹を支えている。かつて清水区由比には20軒以上の生産者がいたという。今は5軒に減ったが中部地区では有数の規模だ。「鶏舎の衛生管理や餌など、工夫次第で肉質や成長頭数に差が出る。そこがやりがいでも難しさでもあるね」とJAしみず由比ブロイラー部会の佐野弘武さん。「人の食用のために生まれてきた命だからこそ、少しも無駄にしないよう細心の注意で育てています。海外の食生産現場の質が問われる今こそ、安心安全第一の国産を」と力強く話す。

1.写真は日齢20日頃の鶏。鶏種は育ちの早い「チャンキー」で40~45日で約3kgに育つ。最長50日で出荷する。
2.鶏舎の中で作業する生産者。
3.静岡若どりから「ふじのくにいきいきどり」として精肉販売されるほか県内大手食品メーカーの鶏加工品にも使われる。
4.由比にある鶏舎。温湿度管理が重要で夏場は特にミストを日に何度もまき、鶏の体調管理に努める。

知っ得メモ

【選ぶ時のコツ】
弾力と締まりがあって、厚みのあるもの。鮮度が重要なので回転の速い店で新鮮なものを選ぶ。

【上手な保存法】
鶏肉は水分が多く傷みやすいので早めに食べきるのがベスト。酒をふって水気を拭き脱水シートに挟むなどして保存。

ここで買えます
県内スーパーなど

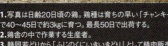

「完全栄養食品」と言われる鶏卵は、良質なタンパク質やビタミン、ミネラルをバランス良く含んだ万能食材。

鈴木養鶏場

1.二重になった白身が新鮮さの証。濃厚な旨みは「卵かけご飯」でぜひ。有精卵は38～39℃で孵化が進むため夏は早めに冷蔵する。
2.「おいしい卵で皆さんの健康に一役買えたらうれしい」と話す鈴木隆文さん。直売所は南藁科街道(県道207号)沿いにある。
3.自然光が入る明るい鶏舎。親鶏は赤玉を産むボリスブラウン。

たまご

産みたて卵は黄身がこんもり、新鮮そのもの

買える時期 1 2 3 4 5 6 7 8 9 10 11 12
通年

今やコンビニでも24時間卵が買える時代だが、静岡市内には養鶏業者の直売所がいくつかあり、より新鮮な卵を求め、わざわざ足を運ぶ人も多い。その一つが駿河区向敷地の鈴木養鶏場。二代目・鈴木隆文さんは、父保夫さんが始めた家業を継いだ。「直接お客様の手に渡るので、反応がダイレクトに分かる。おいしいと言ってくれる声が一番の励みです」と話す。

エサはトウモロコシをベースに魚粉、米ぬか、牧草、大豆粕、きな粉、貝化石などを自家配合し、季節によって量を調整。こうしたこだわりが味に表れ、全体にハリとコクがあって濃厚な卵が産まれる。10年ほど前から平飼い飼育も始め、その一部は雄鶏を同じ部屋に入れて有精卵を採卵する。栄養は普通の卵と変わらないというが、自由に運動できる平飼いの鶏が産んだ卵、生命力を感じさせる有精卵を好む消費者に喜ばれている。

知っ得メモ

【選ぶ時のコツ】
殻を割ると産みたてはカラザがしっかりして、黄身の周りの白身が白く濁っている。この部分は日数が経つにつれ透明になっていく。

【上手な保存法】
生食は冷蔵庫で2週間以内。殻の丸い方に空気の層があるので尖った方を下にして置くと持ちが良い。新鮮な卵は炭酸ガスの圧力で殻がむきにくい。ゆで卵は7日ほど経った頃がむき易い。

ここで買えます
JA静岡市じまん市各店

こちらも人気

産みたて卵の直売所

のどかな環境が育む、健康な鶏と卵

稲作のかたわら養鶏業を営む神谷源重さん。水田地帯にある養鶏場では、自然に近い環境で鶏がストレスなく育ち、卵の味にも反映されるという。エサには良質な国産魚粉、ミネラル、海藻などを厳選して自家配合している。

神谷養鶏場

赤玉を産むボリスブラウンと白玉を産むソニアの2種類の鶏を半数ずつ飼育する。「大谷のたまご」という商品ラベルが目印だ。

黄身が二つの卵やLLサイズまで数種類。自社製造の卵焼きやシフォンケーキ、温泉玉子も人気。

愛されて25年。人気の「美黄卵」

「美黄卵」を産むのは全国でも数少ない純国産鶏ゴトウさくらとゴトウもみじ。発売から25年が経ち、取扱店も増えて料理人からの信頼も厚い。2011年11月には静岡県が認証する「しずおか食セレクション」にいち早く選ばれた。

清水養鶏場

夏

しずおか 旬彩ごはん

早起きした休日は、
とびっきり新鮮な食材を探しに
直売所に出かけてみよう。

シャキッとみずみずしい野菜に、
鮮度も味も太鼓判の魚、
珍しい特産品や出来たての
新茶も忘れずに。
夏らしさ満点のブランチには
すっきりさわやかな
水出し煎茶がぴったり。

水出し煎茶
P14

にんにくの素揚げ
P17

あじのたたき エスニックだれ 香菜添え
P42

折戸なすとブルーチーズ ハチミツがけ
P17

枝豆＆とうもろこしご飯のおむすび
P16　P18

「緑茶割り」にも美味

リーフ茶葉で水出し煎茶を味わって

リーフ茶葉から出す本格派の水出し煎茶は冷蔵庫に作り置きしておくと便利。JA静岡市茶業センターはこの水出し煎茶を使った「緑茶割り」を企画した。一般的な焼酎の緑茶割りには粉茶が使われることが多いが、セットで販売される地元産茶葉を使えば、味も香りも本格派になる。専用ボトルはおしゃれで片づけも簡単。茶葉消費拡大に一役かってくれそうだ。ボトルはJA静岡市、JAしみずで販売中。

甘みが増し、とろとろ食感に
揚げにんにくで夏のスタミナ補給

にんにくの素揚げ

【材料】作りやすい分量

にんにく……1個
揚げ油……適量

【作り方】

①にんにくは洗ってしっかり水気を拭き、皮付きのまま小鍋に入れる。にんにくが浸るまで上から油を注ぐ。
②香りがたち、薄いキツネ色になるまで、弱火で約15分かけてじっくり揚げる。

食感プリプリの「しずまえ鮮魚」を
レモン香るたれでさわやかに

あじのたたき エスニックだれ香菜添え

【材料】2人分

あじ……4匹
香菜（シャンツァイ）……適量
葉ねぎ……適量
みょうが……適量
紅たで……適量

Ⓐ ナンプラー……大さじ2+1/2
砂糖……大さじ2
レモン果汁……大さじ3
水……大さじ2
鷹の爪（小口切り）……2本分

【作り方】

①あじは3枚におろして皮をむき、5mm～1cm程度の幅に切る。
②香菜は葉をつみ、茎は適宜切る。葉ねぎは一部を小口切り、残りは4cmに切る。みょうがは千切りにし、紅たでは洗って水気を取る。
③Ⓐの調味料を合わせる。
④①に香菜の茎少々、葉ねぎの小口切り、みょうがの一部、紅たで、③の大さじ1/2程度を合わせ、軽く混ぜる。皿に盛り、残りの野菜類を添える。

きめ細かく緻密ななすの肉質は
生食でサラダ風にも味わえる

折戸なすとブルーチーズ ハチミツがけ

【材料】2～3人分

折戸なす……1個
ブルー系チーズ
（ゴルゴンゾーラなど）…適量
クルミ……適量
ハチミツ……適量

【作り方】

①折戸なすは食べる直前に5mm幅の輪切りにし、水にさらして水気をふいて、皿に並べる。
②フォークで崩したブルー系チーズ、手で粗く砕いたクルミを散らし、ハチミツを線状にかける。

夏らしさ全開！ビタミンカラーの
おむすびは、お弁当にもピッタリ

枝豆＆とうもろこしご飯のおむすび

【材料】作りやすい分量

Ⓐ 米……2合
水……適量
昆布茶……小さじ2
枝豆（塩茹で後にサヤをむく）………120g

Ⓑ 米……2合
水……適量
とうもろこし……1本
醤油……適量

【作り方】

①Ⓐの米を研いで水加減をし、適当な時間水に浸す。炊く直前に昆布茶を加えて炊く。
②炊き上がったらすぐに枝豆を加え、10分ほど蒸らしておむすびにする。
③とうもろこしは醤油を塗りながら、油をひかないフライパンで表面にこんがり焼き目を付ける。包丁で粒をそぎ落とす。
④Ⓑの米を研いで水加減をし、適当な時間水に浸す。③のとうもろこしの芯を米の上にのせて炊く。
⑤炊き上がったらすぐに③を加え、10分ほど蒸らしておむすびにする。

歴史ある良質茶の産地から今の時代に合う新商品、続々

買える時期 1 2 3 4 5 6 7 8 9 10 11 12 通年

お茶 Tea

あなたに幸せをはこぶ桜葉の香り「まちこ」

平安初期に、最澄など留学僧によって唐から伝えられたのが始まりとされる日本のお茶。

栽培は、鎌倉初期に栄西が佐賀県脊振山に種を植え、それを京都の明恵上人が譲り受けて全国5カ所に広めたのが最初。そのうちの1カ所「駿河の清見」に端を発するのが清水のお茶だ。

例年、新茶初取引で最高値が付く両河内地区を筆頭に、小島、庵原、日本平と南北に産地が広がる。その清水でいま注目されているのが、幸せのお茶「まちこ」だ。

両河内の茶生産者・望月哲郎さんが、病気に強く樹勢のいい品種「静7132」を条件の悪い畑にそっと植えたのが始まり。まちこの茶葉には桜葉と同じ成分「クマリン」が含まれ、ふわっと香る桜葉の香りが最大の魅力だ。この芳香は、市民参加の「まちこクラブ」結成と「みんなのまちこ畑」誕生を呼び起こした。茂畑共同製茶組合の若き生産者、杉山貢大さんも「まちこ」に魅了された一人。茶を自然に近い樹勢に仕立てる技術「芽重型茶園」を取り入れ、研究に余念がない。

「静岡のお茶は世界にも誇れるもの。良い茶葉を輸出する時には、淹れてもらうための静岡市の水も一緒に輸出したい」。かつて全国茶輸出高の約8割を占めた日本一の茶輸出港・清水に育った彼らしい言葉はまぶしい。

知っ得メモ

【選ぶ時のコツ】

茶葉につやがあり、葉の細さ、よれ具合、色合い、芳香などが茶の品種や仕立て方の特徴を持っているもの。

【上手な保存法】

開封後はできるだけ密閉し、光・酸素・水分を遮断してできるだけ低温かつ常温の場所に。やむを得ず冷蔵保存する場合は必ず常温に戻してから開封する。長期なら冷凍庫へ。

ここで買えます

JAしみずアンテナショップきらり（「まちこ」など）、JA静岡市茶業センター（「マリシア」「丸子紅茶」など）、JA静岡市じまん市各店

香りによるリフレッシュ効果も期待できる「まちこ」。70℃くらいの湯で淹れるのがお薦め。美しい金色透明な色で渋みが少なく飲みやすい。

1

2

3

4

1.「ここの景色も財産」と話す杉山さん。20～30代の若手茶生産者が集う「清水茶壱番会」のメンバーとしても活動する。
2.清水区茂畑に広がる「みんなのまちこ畑」。ようやく目標にしてきた5haになった。茶葉は洗練された、品格あるつややかな形状。
3.多彩な清水産のお茶。
4.茶摘みに参加した「清水みんなのお茶を創る会」。茶農家、茶小売店などが中心メンバー。

1.美しい水色と濃厚な旨味。摩利支が「マリシア」として花開く瞬間だ。淹れ方は「深蒸し茶」と同じで80℃くらいの湯で1分が目安。パッケージもおしゃれに仕上げた。
2.摩利支を初摘みした時の様子。
3.五感を大切にしつつ、機器分析による「お茶の品質の見える化」を重視するネクトのメンバー。茶の未来を切り拓こうと試行錯誤が続く。
4/5.「本山茶は新茶の時にはツンと香り立ち、秋にはまろやかになり、年越し後に製茶すると再び新茶のような風味に戻る」と本山茶の魅力を語りながら石原社長が淹れてくれたマリシアのしずく茶。たっぷりの茶葉にほんの少しの湯を注ぎ、濃厚なしずくを味わう。

歴史ある産地の守護神に。2015年デビューの「マリシア」

静岡市葵区栃沢生まれの聖一国師が、宋から持ち帰った種を足久保に播いたのを起源とし、玉川、大河内、梅ケ島など、安倍川・藁科川流域や周辺の山間地で育つ「静岡本山茶」。その歴史は800年を数え、晩年を静岡市で過ごした徳川家康公の「御用茶」としても知られる。

30年ほど前、葵区水見色の急峻な茶畑で見いだされ、発見者の息子・山森美好さん（故人）が一人育んできた幻のお茶がある。幸福をもたらすとされる守護神・摩利支天から名付けられた茶品種「摩利支」だ。その「摩利支」が、摩利支＋幸せ＝「マリシア」という美しい名前を得て、2015年春、JA静岡市からデビューする。

つやのある濃緑色の茶葉を淹れると甘い香りが立ち昇る。主力品種「やぶきた」とは違う色の茶畑も、4月上旬という早い摘採期も、繊細な「山のお茶」でありながら深蒸し製法というのも驚きの連続だ。一昨年から摩利支生産に取り組むのは農業生産法人ネクト。「歴史的にも品質的にも、この地の茶生産の灯を絶やしてはならない」と穏やかかつ力強く語るのは社長の石原弘敏さん。

マリシアが茶産地の守護神となることを祈りたい。

国産紅茶発祥地の歴史を伝えたい。広がる「丸子紅茶」づくり

お茶の楽しみ方が広がる中で、国産紅茶や地紅茶が注目されている。日本橋から数えて20番目の東海道宿場町・丸子が「国産紅茶発祥の地」だということは案外知られていない。明治時代、旧幕臣の多田元吉翁は大政奉還後に徳川慶喜と静岡に移り住み、丸子に茶園を開いた。生糸と茶が主な輸出品だった当時、世界の紅茶需要に着目した政府は、元吉を海外に派遣。帰国後、元吉は最新技術を各地に広め、丸子にインドから持ち帰ったアッサム種の原木を植えた。これが国産紅茶発祥地と言われる所以だが、後に海外から紅茶輸入が始まると国産紅茶は次第に作られなくなった。そんな歴史をもつ丸子の紅茶を途絶えさせまいと立ち上がったのが、村松二六さんだ。1989年から生産に乗り出し、無農薬有機紅茶の製造に成功、静岡市ブランド「しずおか葵プレミアム」に認定されるまでに育て上げた。2014年にはその技を受け継ごうと「丸子紅茶研究会」が発足。代表の大原正和さんは「村松二六製法を少しずつ学び、品質の高い紅茶を広めていきたい」と語った。

1.原料となる茶葉の品種は「近藤早生」や「ユタカミドリ」「やぶきた」「紅富貴」など。商品はJA静岡市じまん市などで販売。
2/3.香り高く、まろやかな味で甘みを濃く感じる。
4.会員は40代から70代まで丸子・長田地区の茶生産者14人。今年75歳の村松さん（前列右）は紅富貴の民間栽培に日本で初めて成功した人でもある。「紅茶をゆったりと過ごす時間のツールにしてほしい」と願う。

1.8割は京浜市場に出荷されるが地元小売店にも並ぶ。9～10月は地元にも多く流通する。
2.枝豆やイチゴのハウスが軒を連ねる駒越地区。
3.フジエス枝豆委員会委員長の滝戸さん。「地元の小学校で給食などにも使ってもらってます」とうれしそうに話す。

タンパク質、ビタミンB1が豊富。中でもアミノ酸の一種メチオニンはアルコールの分解を促し、二日酔いを防ぐ効果も。枝豆は理にかなったおつまみなのだ。

高級料亭向けの木箱入り商品もある。根と葉が付いた状態で出荷され、鮮度はお墨付き。ちょっと気のきいた贈答用にしても喜ばれそう。

枝豆

買える時期　1 2 3 4 5 6 7 8 9 10 11 12　通年

一年中採れたての味「駒豆（こまめ）」枝付きの出荷がおいしさの理由

ほのかな甘みとさわやかな風味があり、4月からの出荷は全国一早い清水の枝豆。見た目も美しいため、料亭でも珍重される実力派だ。

地温が上がりやすく保温性もある砂地と、豊富な日照を生かし、昔から促成栽培が盛んな清水区三保・駒越地区で栽培が始まったのは明治期に遡る。大正期には油紙やガラスを張った障子で保温するフレーム栽培が主流だったが、戦後はガラス温室やビニールハウスが普及。昭和50年代には周年栽培を可能にした。

今では一年中出荷するのは全国で清水だけで、「枝付き出荷」が清水の特徴。鮮度の低下が早い枝豆だが、枝が養分と水分を送り込むため、よりよい状態で消費者の元に届くのだ。そんな努力と技術力で三保・駒越の「フジエス」ブランドは袋入りの商品「駒豆」を年間約１３０万袋出荷する。フジエス枝豆委員会の滝戸一盛さんは「県単位の大型産地が多い中、ここは小さな産地。よそにはない特色でプレミアム感をアピールしたい」と語った。

知っ得メモ

【選ぶ時のコツ】

表面のうぶ毛が濃く、サヤがふっくらして、鮮やかな緑色をしているもの、実の入りがいいものを選ぶ。

【上手な保存法】

温度が高いと甘みと水分が抜けて味が落ちるため、保管は冷蔵庫で。ただしなるべく新鮮なうちに食べた方がよい。

ここで買えます

JAしみずアンテナショップきらり、主要スーパーなど

農家さん直伝レシピ

枝豆の天ぷら

材料（4人分）

枝豆200g、天ぷら粉70g、水100cc、干し桜えび適量、揚げ油適量

作り方

❶枝豆を茹でてサヤから出し、むき実にする。
❷干し桜えびはすり鉢などですり潰す。
❸天ぷら粉に②と水を混ぜて衣を作り、①を入れて絡める。
❹揚げ油を170℃に熱し、③をお玉ですくって静かに落とす。
❺衣がバラバラにならないようにカリッとするまで揚げる。

温暖で日照時間が長い三保・折戸地区は促成栽培発祥の地。江戸時代には既にナスが作られていた。現在、生産者は8人のみ。作り手と面積を増やすことが課題だ。

原種に近いためトゲが鋭く形も不揃いになりがち。今は県内消費が7割を占める。

折戸なす

買える時期 1 2 3 4 5 6 7 8 9 10 11 12

6月上旬～12月下旬

復活から8年。家康公が好んだナスは知名度も人気も上昇中

有名な「一富士、二鷹、三茄子」のことわざにも登場する「折戸なす」は、家康公が愛したナスとして知られる。

2007年の出荷開始以来、清水区ならではのブランド食材として、知名度は上昇中だ。長い間途絶えていた幻の味を復活させたのは「折戸なす研究会」だ。一般的なナスより果肉が緻密で、ナスらしいコクがある濃厚な味わい。将軍家に毎年献上されたというのも頷ける。生産者の斎藤伸雄さんは「加熱するとトロリと柔らかくなって、風味と甘さが増す。輪切りやクシ形に切って焼く、揚げるなどして独特のコクを楽しんで」と話す。地元の「福乃家」や「富海亭」「なすびグループ」「浮月楼」などで味わえる。

知っ得メモ

【選ぶ時のコツ】

約95%が水分なので皮に張りとツヤがあって、皮の色が濃く、トゲが鋭いものが新鮮。

【上手な保存法】

低温に弱いので数日で食べ切る。2～3日なら乾いた新聞紙でくるみポリ袋に入れて野菜室へ。

ここで買えます

JAしみずアンテナショップきらり、直産プラザふれっぴー、イオン清水店など県内スーパー

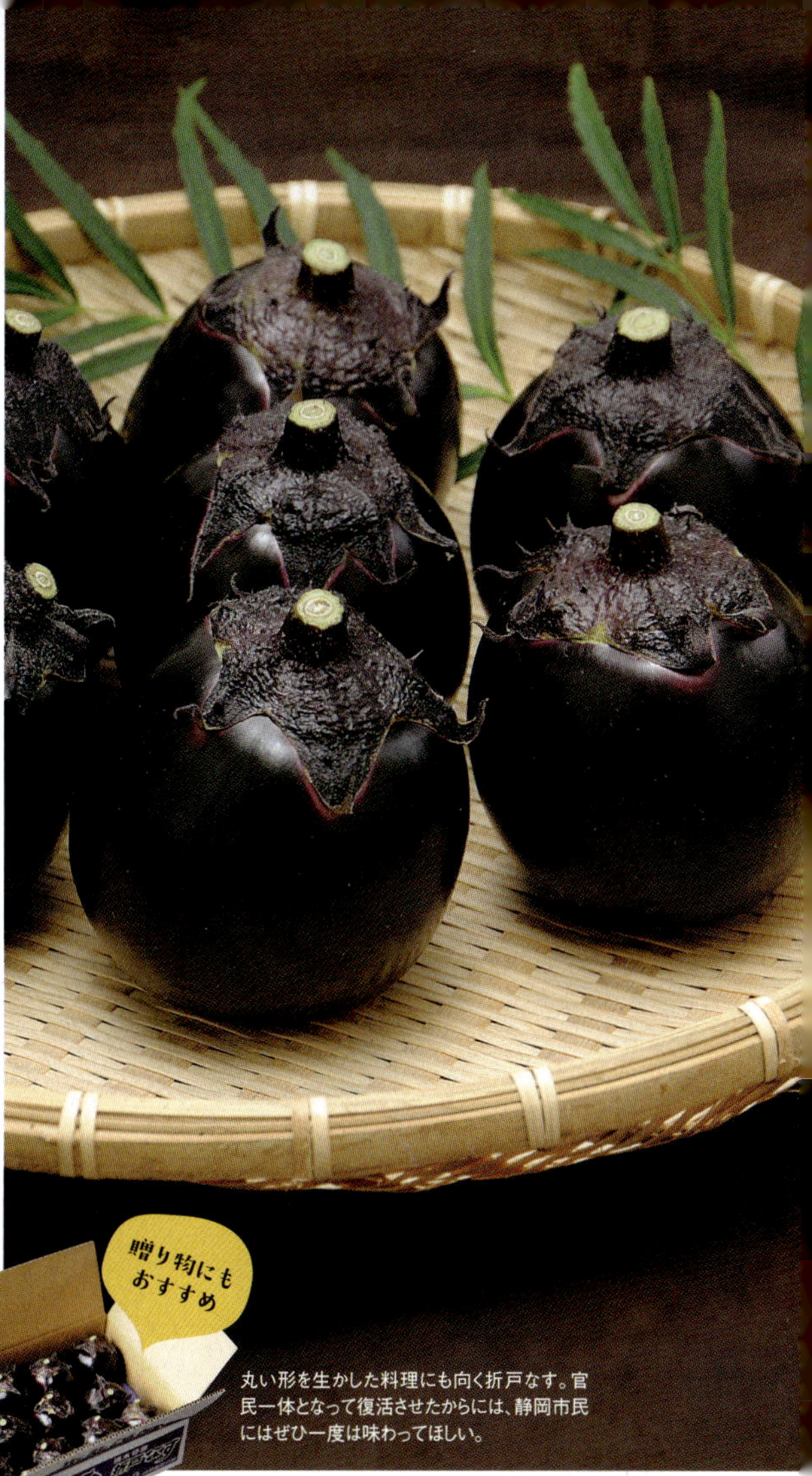

丸い形を生かした料理にも向く折戸なす。官民一体となって復活させたからには、静岡市民にはぜひ一度は味わってほしい。

にんにく

買える時期 1 2 3 4 5 6 7 8 9 10 11 12

6月下旬～7月下旬

意外にも地元産ということで興味を持ってほしい。

ほっこり大粒、甘さも十分 ブランド品種で、人気上昇中！

食欲をそそる香りで料理の隠し味に欠かせないニンニク。青森産か中国産をまず思い浮かべるが、実は7月の限定で、清水産を買うことができる。

JAしみずで出荷が始まったのは2009年からで品種は青森県田子産で有名な「福地ホワイト六片」。大粒で甘み・辛み・香りとも申し分ない高級品だ。7月下旬から青森産が出回るのに先がけ、国産が品薄な約1カ月間の市場ニーズに応える。

元々は茶価の低迷から茶農家の所得を補完する新規作物として導入したものだが、生産者は徐々に増え、昨年は23軒で約5トン収穫した。「皮ごとラップに包みレンジでチンするとほくほくに。バターや醤油が合う」と生産者も太鼓判を押す。国産ならではの濃厚な旨味と安全性も魅力。見つけたら「即、買い」がお薦め。

知っ得メモ

【選ぶ時のコツ】

全体的に丸みを帯びた形で、持った時に重みのあるものが果肉が充実している。

均等にふくらんでいるのがベスト

【上手な保存法】

冷蔵庫には入れない。手で割って風通しの良い所に吊るすなどして常温で保存。皮をむけば冷凍保存もできる。

ここで買えます

JAしみずアンテナショップきらり、直産プラザふれっぴー各店、イオン、しずてつストアなど県内主要スーパー

10月に種球を植え、6月上旬に収穫、2週間ほど乾燥させて出荷する。乾燥後に硬い根を切る作業は1つ1つ手作業。実はとても手間が掛かっているのだ。

1. 井川の西山平。写真中央の整然とした所がトウモロコシ畑だ。
2. 「昭和32年までは水田は1haあるかないか。焼畑でヒエやアワを作ってただよ」と話す遠藤近さん（後列左）。とうきび部会は現在10人。奥さんたちが開く「おっかちゃんの店」でもトウモロコシは大人気。
3. 井川の農林産物加工センター「アルプスの里」ではトウモロコシプリンが人気。7〜9月上旬の期間限定。

井川のとうもろこし

買える時期　1 2 3 4 5 6 7 8 9 10 11 12
7月上旬〜8月下旬

安倍川花火大会でも販売される。見つけたら即買って味わおう。

昼と夜の寒暖差が育む驚くほど甘い逸品

豪快にガブリと噛むと口いっぱいに甘さが広がるトウモロコシは、誰もが楽しみにする夏の味。中でも市北部井川産は、昼夜の寒暖差が大きい井川の気候が栽培に適し、甘くおいしく育つ。しかし収穫量が少なかったため長年〝幻の味〟と呼ばれてきた。品種は「ゴールドラッシュ」。黄金色の粒がびっしり詰まって糖度が20度になることもある。オクシズ人気が高まる中、特産としてブランド化しようとじまん市への出荷が2011年から始まった。「皮を1枚残してラップで包みレンジで蒸すのが一番だよ」とお薦めの食べ方を伝授してくれたのは生産者の遠藤近さん。アウトドアでは皮付きを濡れた新聞かホイルに包み火に放って焼くと、とてもおいしいそうだ。

知っ得メモ

【選ぶ時のコツ】

皮の緑色が濃くみずみずしく先端にふっくら丸みがある。握った時に表面がぼこぼこしていないもの、ひげが多いと実が多い。

【上手な保存法】

湯を沸かしてから採りに行けと言われるほど採れたてが美味。すぐ食べられない時は茹でてラップに包み冷蔵する。

ここで買えます

JA静岡市じまん市各店

静岡在来蕎麦

蕎麦で山間地を元気に！人気じわり。広がるプロジェクト

地形が急峻で水田が確保しにくい静岡県の山間部では、かつて自家消費用の蕎麦が盛んに作られていた。特に水はけのいい傾斜地で、昼夜の寒暖差と適度な湿度がある川沿いの山間部は、おいしい蕎麦づくりに最適。市内では興津川、安倍川・藁科川沿い、そして井川で細々と食べ継がれてきた「静岡在来蕎麦」が確認されている。

共通点は濃い味と強い香り。中でも井川最北の小河内地区では一部の畑で伝統の焼畑を復活させるなどして、在来蕎麦ブランド化を目指す取り組みがここ数年、本格化している。静岡大学大学院の稲垣栄洋教授や市内蕎麦店と50年ぶりに焼畑を行った井川在来蕎麦の会「結の仲間」の望月正人さん、仁美さん夫妻は「多くの人に在来蕎麦の魅力を知っていただいて山間部を訪れるきっかけになれば」と話す。蕎麦好きの人は全国どんな所にも蕎麦目的で訪れるという。地域らしさと質を保ちながらも、観光客をもてなせる位に量を増やしていくことも、今後の課題のひとつだそうだ。

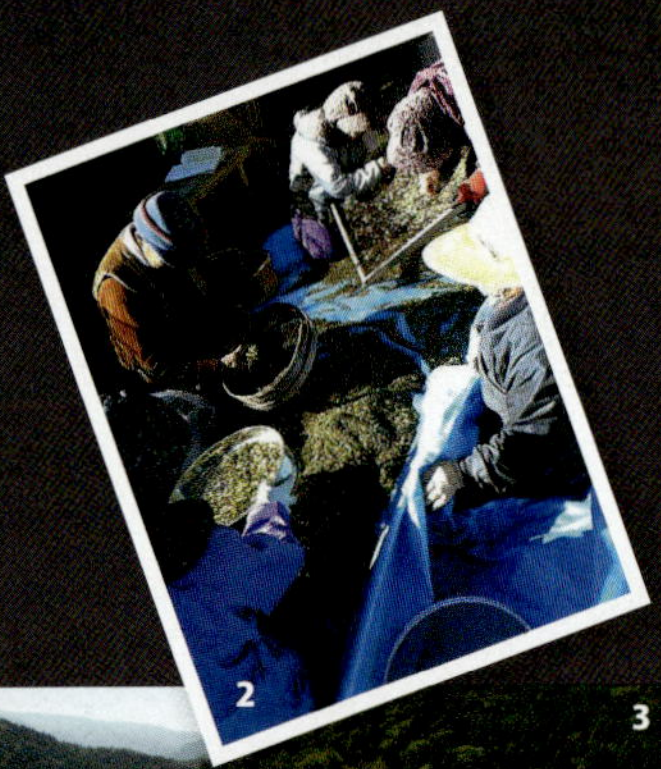

1. 独特の形状で赤茶色っぽい静岡在来蕎麦の実。前年に収穫した実を種にする。
2. 脱穀や天日干しなど昔ながらの手法も取り入れる。
3/4. 小河内の蕎麦畑。放置されていた茶畑を焼畑し蕎麦畑にした。種を持っている地元の農家探しから始まった一大プロジェクト。

とろけるような果肉と口いっぱいに広がる甘さ。上品な味わいにファンが多い。品種は「日川白鳳」が半分を占める。

傷や病気を防ぐための袋かけ。「長田桃は本当に短い旬だから貴重です」と杉山さん。長田桃生産委員会は現在54軒でハウス栽培は18軒。ハウス桃は5月20日頃から出荷する。

長田の桃

買える時期 1 2 3 4 5 6 7 8 9 10 11 12

5月下旬～7月中旬

果汁たっぷり、果肉やわらか 明治から百年続く早出しの産地

静岡市の長田といえば、全国一、二の早さで露地ものの桃を出荷する早出しの産地。安倍川の西側河口部など水はけのいい河川敷と、用宗港近くの砂地に畑が広がる。明治30年頃には栽培が始まっていたとの記録が残る伝統的な産地は、昔より作り手も面積も減り今は20ヘクタールだが、県内唯一の集団産地として百年の歴史を誇る。「山梨や長野産を山育ちとすると、こっちは海育ち。駿河湾のそばで太陽をたっぷり浴びて育つから、香りもいいし本当においしい」と目を細めるのはJA静岡市長田桃生産委員会の杉山幸信さん。品種は「日川白鳳」のほか「さおとめ」「はなよめ」「暁星」「白鳳」など5種類。消費者のニーズに合わせ新品種の栽培にも積極的だ。ひとつひとつ丁寧に扱う様子には桃への愛情が満ちあふれている。

知っ得メモ

【選ぶ時のコツ】

「日川白鳳」は左右対称で形がよく、赤く色づきの良いもの。適度に熟していると触った時に柔らかく香りもよい。

【上手な保存法】

みずみずしさを保つため常温保存がよいが、きっちりラップをして水分蒸散を防げば冷蔵でも多少は保存できる。

ここで買えます

JA静岡市じまん市各店

2

1

3

1.地元のフレンチレストラン「ラ・ペーシュ」では長田の桃を使った「桃のポタージュ」が人気。
2.反射シートを敷き、日光の照り返しを利用して色づきを促す。海岸すぐ脇での桃栽培は全国でも珍しい。
3.主に東京、名古屋へ出荷するが地元でもじまん市などで買える。

びわ

買える時期 1 2 3 4 5 6 7 8 9 10 11 12
6月初旬～下旬

1.うぶ毛を取らないよう丁寧に箱詰めされる。品種は主に田中ビワ。清水区では興津と由比に各生産組織があり、共に甘いビワの産地として知られる。
2.ビワ作り40年の深澤傳さん。ビワ栽培の伝統が絶えないで欲しいと願っている。

ひとつひとつ丁寧に袋をかけて育てるため傷がなく美しい。旬がとても短いからこそ季節感が感じられる。

景勝地・薩埵峠で育つ わずか数週間の幻の味

旧東海道の景勝地・薩埵峠にビワが実る光景は、初夏の訪れを告げる風物詩だ。大粒で甘みが濃厚だが量が少なく、地元でも幻の味と呼ばれる倉沢ビワ。峠の特に南側斜面は駿河湾の照り返しと冬でも冷気が溜まらない利点を生かし、急勾配にビワ畑が多い。9月の剪定、12月の摘蕾、2月からの摘果、春の袋がけと、すべて木によじ登っての手作業で平均年齢70代の生産者にはとてもハードだ。「完全無農薬の樹上完熟品だから甘みが強い。その分食べ頃に敏感な鳥害にも遭うけど、毎年楽しみにしてる人がいるからね」と生産者の深沢傳さん。国道から見上げる斜面に白い袋が見えたら、収穫は間近。わずか2～3週間の短い旬を逃さないで。

知っ得メモ

【選ぶ時のコツ】
色づきが良く表面に張りとうぶ毛がある。種が5個入っているので五角形が丸みを帯び、果実下側のヘソが開いていると甘い。

ココをチェック!

【上手な保存法】
追熟しないので長く置いておくと味が落ちる。早めに食べ切り、冷蔵にも弱いので長く冷蔵庫に置かない。

ここで買えます
JAしみずアンテナショップきらり、産直プラザふれっぴー各店、グリーンセンターなど

プラム

買える時期 1 2 3 4 5 6 7 8 9 10 11 12
6月～8月

日光がしっかり行き渡るように1月頃の剪定、4月の摘果を経て大きく実った「太陽」。

出荷の早さは全国トップクラス ほんのり甘酸っぱい初夏の味

清水区庵原産のプラムは100%露地栽培。1974年頃にミカンの転作作物として導入され、今では全国有数の早出し産地として知られる。「清水は、ぬくといから開花が早いだよ」と説明してくれたのは長年プラム栽培に携わる杉山正さん。シーズン中は品種の移り変わりもぜひ楽しんでほしいと話す。

トップバッターは甘みと酸みの調和がとれた「大石早生」。果肉が黄色く少し尖った形をしている。6月下旬～7月上旬の「ソルダム」は緑っぽい外見とは裏腹に果肉は深紅で甘い。7月中旬からの「太陽」は果皮が濃い紫で果肉は乳白色。濃厚な甘さが好みだ。初夏らしい味わいは贈答用にもおすすめだ。

知っ得メモ

【選ぶ時のコツ】
果皮の表面にブルーム(白い粉)が付いているものは新鮮。食べ頃を迎えたプラムは甘い香りがする。

【上手な保存法】
完熟品はなるべく早めに食べ切る。完熟していない場合は冷蔵庫に入れずに室温で追熟を待つ。

ここで買えます
JAしみずアンテナショップきらり、県内主要スーパーなど

1.プラムが実った畑は思わず目を奪われる美しさ。春には花が咲き誇る。
2.「木で完熟したものが特においしい」と話す杉山さん。庵原地区の適度な寒暖の差もおいしさの理由だ。
3.6月下旬に出荷が始まる「大石早生」。収穫時は緑っぽいが消費者の手元に届く頃には赤くなる。

「1年という長い時間をかけて育つので、花の時期は雪やひょう、収穫期は台風が心配で気を揉むね」と平岡さん。傷つかないようにひとつずつ袋をかけ丁寧に育てる。

なし

買える時期 1 2 3 4 5 6 7 8 9 10 11 12

7月中旬～8月中旬

さわやかな甘さとジューシーさ 採れたての地元産は格別

暑さが本格化する夏休み頃から店頭に並ぶナシは、夏を代表する果物。シャリッとした食感と果汁たっぷりのみずみずしさは子供も大人も目がないおいしさだ。シーズン中に品種リレーが楽しめるのも魅力で、さっぱりした甘さの「喜水」、酸味と甘みのバランスがよく糖度も高い「幸水」、その名の通り果汁が多い「豊水」など、次々登場する。ミネラルやビタミンCが豊富なので熱中症予防や疲れた体を癒やす水分補給にもぴったり。

JAしみずなし部会の平岡勝彦さんは「採れたての甘さとジューシーさは地元産が一番。味や香り、食感は品種ごとに特徴があるので、食べ比べも楽しんでもらえたらうれしい」と話した。

知っ得メモ

【選ぶ時のコツ】

品種にもよるが、形より色を見ること。皮が黄色みを帯びて透き通っている感じに見えるものがおいしい。

【上手な保存法】

追熟しないので購入後は早めに食べ切る。冷蔵する場合は水分を損なわないようにビニール袋に入れる。

ここで買えます

JAしみずアンテナショップきらり、グリーンセンター、産直プラザふれっぴー各店、JA静岡市じまん市各店

1

2

1.冷やし過ぎると甘みが薄れるので食べる1時間ほど前に冷やそう。静岡市では清水区庵原、高部、有度やJA静岡市管内の駿河区長田が主な産地だ。
2.全国で広く栽培されている「幸水」「豊水」は清水区興津の旧農林省試験場で育成された品種。

いちじく

買える時期 1 2 3 4 5 6 7 8 9 10 11 12

6月～11月上旬

生に飽きたら、冷凍しても美味 地元産100％のジャムも新登場

8月上旬、静岡市北部のイチジクハウスを訪ねると、一歩足を踏み入れた途端、ふわっと甘い香りに包まれた。「ハウスものは加温ハウスを除いて大体7月中旬～10月下旬頃。露地ものは8月～11月初めまで。案外長く楽しんでいただける果物なんです」と生産者の大塚師輝さん。ハウス育ちは見ための美しさも自慢。より早い出荷をする加温ハウスのイチジクは6月上旬から店頭に並ぶ。採れ始めると次から次へと赤くなり、はぜると価値が下がるため出荷が始まると一日も休めない。それでも収穫期が長く、価格が安定しているので高齢の生産者でも育てやすいそうだ。「半分に切って凍らせてシャーベット状にしてもおいしいよ」とニッコリ笑って教えてくれた。

食物繊維や消化促進の酵素が胃腸を整え、鉄分、カルシウムのほか抗酸化作用があるポリフェノールも含む。アンチエイジングや美容にいいそうだ。

知っ得メモ

【選ぶ時のコツ】

赤紫色の色づきが良く、切り口辺りまで色づいているもの。ぽってりした形で果頂部が少し割れているくらいが熟している。

【上手な保存法】

あまり日持ちがしないので早めに食べ切ること。冷凍する場合は皮をむいて適当な大きさに切ってから冷凍し自然解凍する。

ここで買えます

ＪＡ静岡市じまん市各店、JAしみずアンテナショップきらり、産直プラザふれっぴー各店

1

2

3

4

1.「いちはなちゃんのいちじくジャム」。原料はすべて静岡市産（このジャムを使ったレシピP28）。
2／3.「少し青い実はワイン煮にするとおいしいよ」と話す大塚さん。ＪＡ静岡市では露地栽培の方が人数は多いが生産量はハウスと半々だ。静岡市内ではしづはた、藁科のほか、清水区の由比や庵原でも栽培されている。
4.「いちはなちゃん」のロゴやデザインは静岡のデザイン専門学校とJA静岡市いちじく委員会のコラボだ。

秋

しずおか
旬彩ごはん

街路樹が赤や黄色に染まる頃、
のどかな里山で育った
秋の味覚が食卓に届き始める。
土の中でじっくり育った蓮根や自然薯を
かの大御所・家康公も好んだとか。
400年の時を経て、今なお息づく郷土の味で
実りの秋を謳歌しよう。

とろろご飯・家康ごのみ
P25

TEA豚と焼きしいたけと銀杏の串もの
P23 P24 P27

白ねぎのマリネ 焼きチーズしらすのせ
P26

焼きあさはた蓮根
P24

ジューシーな
豚肉の旨みで秋の
味覚をグレードアップ

TEA豚と焼きしいたけと銀杏の串もの

【材料】2〜3人分

TEA豚肩ロース（2cm厚）……1枚
銀杏……12粒
粗塩……ひとつかみ
生しいたけ……6枚
焼肉のタレ……大さじ1

【作り方】

①TEA豚を冷蔵庫から出して室温に戻す。切り分けて塩コショウ（分量外）を適量ふって焼く。
②銀杏は洗って水気をふき、殻に軽く割れ目か傷をつけてから粗塩ひとつかみと共に紙封筒に入れる。封筒の上部を二つ折りにして、200Wのレンジに約2分かける。途中1〜2個がはじけたら加熱は終了し殻をむく。
③生しいたけと焼肉のタレをビニール袋に入れて軽くもみ、なじませてから焼く。
④串に①②③を刺して皿に盛る。

②

③

家康公も食べたという逸話が残る
滋味あふれる静岡の味

とろろご飯・家康ごのみ

【材料】
作りやすい分量（4〜6人分）

米……1と1/2合
押し麦……1/2合
水……適量
あさはた蓮根……100g
自然薯……100g
卵……1個
醤油……少々
Ⓐ 出汁……500cc
駿河白味噌……大さじ2
（ない場合は白味噌大さじ1
＋赤味噌大さじ1で）

③

【作り方】

①米を研いで押し麦を加え、水加減をして1時間置いてから炊く。
②あさはた蓮根は洗って皮ごとラップに包む。レンジで2分加熱後、皮ごとすりおろす。
③自然薯は洗ってから、直火でヒゲ根を焼き切る。再度洗って水気をふき、皮ごとすりおろす。②を加えてすりこぎであたりながら、さらに卵、醤油を加えて全体を混ぜ合わせる（左写真のように蓮根と自然薯の乱切りを最初からフードプロセッサーにかけてもいい）。
④Ⓐの出汁に味噌を溶かし、冷ましておく。
⑤③に④を少しずつ加え混ぜ、好みの濃さと味に調える。①にかけ、お好みで葉ねぎの小口切りを散らす。

緑茶を飲んで育った

清水育ちの「TEA豚《ティートン》」

清水区で50年前から養豚業を営む北川牧場は、緑茶を飲ませて育てる「TEA豚」を生産している。地元産緑茶を飲んで育つ豚肉は、2013年に静岡県が認定する「しずおか農林水産物認証」を取得した。「赤身がきめ細かく肉質がやわらか」と料理店などで人気が出始めている。

料理人も待ちわびる静岡限定・秋の味
あえて厚く切り、味はシンプルに

焼きあさはた蓮根

【材料】2人分

あさはた蓮根……200g
白絞油（またはサラダ油）……適量
塩または醤油……少々

【作り方】

①あさはた蓮根は皮ごと厚めに切る（水にはさらさない）。
②やや多めに油をひいたフライパンに、あさはた蓮根を並べてから点火する。
③弱めの中火でじっくり焼き付ける。
④しっかりした焼き色が付いたら塩または醤油を添えて食べる。

しらす風味の焼きチーズがアクセント
つるんとした食感のねぎは、常備菜にも

白ねぎのマリネ 焼きチーズしらすのせ

【材料】2人分

白ねぎ（葉を取って1本100g程度のもの）……4本
ポン酢……大さじ3
砂糖……大さじ1
オリーブ油……大さじ1
スライスチーズ
（とろけないタイプ）……1枚
釜揚げしらす……少々
白ゴマ……少々

【作り方】

①白ねぎは洗って葉を切り落とす。白い部分の長さを半分に切り、ラップで包んで耐熱皿にのせ、レンジで5分加熱する（長いまま使うのがポイント）。
②耐熱袋にポン酢と砂糖を合わせ、熱々の①を加え、なじませる。粗熱が取れたらオリーブ油も加えて冷ます。
③オーブンペーパーにスライスチーズを置き、釜揚げしらすと白ゴマをチーズにのせて短冊状に切ったら、レンジで1分30秒加熱（チーズの表面がふくらんだらOK）。皿に盛った②にのせる。

①

③

※電子レンジは記載がない限り600Wを使用

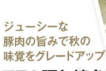

漢方に精通した家康が気に入り、山芋と一緒にすり潰してご飯にかけて食べたという逸話が残る。糸を引く成分は里芋にも含まれるムチン。胃腸の働きを助け滋養強壮にも効果的。

1/2.あさはた蓮根販売委員会の村上四郎さん。1シーズン僅か9トンしか採れない稀少な蓮根を、折らないように収穫するのは重労働。
3.「麻機れんこん羊羹」1箱1900円はご当地スイーツとして話題。蜜で煮た角切りの蓮根入り。

あさはた蓮根

買える時期 1 2 3 4 5 6 7 8 9 10 11 12
9月下旬～1月中旬

家康公も食べていた きめが細かく色白の蓮根

穴から「向こうが見える」ことから、先が見通せる縁起物として正月料理や祝いの席に欠かせない蓮根。竜爪山の麓に広がる麻機沼で育つ「あさはた蓮根」は稀少なブランド食材だ。昔の水生植物が堆積してできた蓮根田は、肥沃で黒い泥土質。そこでじっくり成長するため、糸をひくち密な蓮根に育つ。

長い状態で買ったら、芽に近いほど柔らかいと覚えておこう。サラダや酢バスでシャキシャキ感を楽しむなら芽に一番近い節、糸を引く粘り感とホクホク感を楽しむ揚げ物や煮物、きんぴらには2～3節目、すりおろして使う時は4節目が向く。

知っ得メモ

【選ぶ時のコツ】

鮮度保持のため泥付きで出荷されているもの。洗って切られた商品は切り口や穴の中が変色してないもの。

【上手な保存法】

乾燥を嫌うので、濡れた新聞紙で包みビニール袋に入れて冷蔵する。泥付きの場合は泥付きのままの方が日持ちする。

ここで買えます

JA静岡市じまん市各店

1.菌を打ったホダ木を自然の中でしばらく寝かせ、その後ハウスで栽培。天然物に近い味と香り、食感はそのひと手間で生まれる。環境汚染の影響を受けにくいのもハウス栽培の利点だ。
2.生産者の榊原さん。お茶と林業が中心だった山間部でシイタケ栽培は昭和40年代から始まったという。

なかひらしいたけ

買える時期 1 2 3 4 5 6 7 8 9 10 11 12
3～5月、9～11月

身が大きく厚さがあり傘が内側に巻いた「なかひらしいたけ」。バター焼きや天ぷら、フライなど油とも相性抜群。

肉厚でジューシー 香りに優れた原木ハウス栽培

ハウスに積まれた原木からヒョコッと顔をのぞかせるシイタケ。作っているのは静岡市街から車で30分以上北上した大河内・梅ヶ島の「静岡まるなか生椎茸組合」だ。原木栽培のハウスの中は、日中が30度（冬は加温）、夜には10度以下と寒暖の差が大きいため、味が濃く、旨みも強いシイタケが育つ。弾力があって肉厚プリプリなのも「なかひらしいたけ」の売りだ。

「夏は30度以下で、冬は0度以下にならない湿度の高い安倍川中流域は栽培に向いている」と話すのは生産者の榊原勘市さん。「買ったらすぐに日に当てて乾燥させると旨みが増すよ」とおいしくなる裏ワザも教えてくれた。

知っ得メモ

【選ぶ時のコツ】

軸が長すぎずしっかりしていて笠の端の巻きが強く、肉厚なもの。笠の裏のひだが白いものが新鮮。

【上手な保存法】

パックから取り出し、ザルなどに並べて日光に30分ほど当てると旨みが増す。再度ラップをして冷蔵して早めに使い切る。

ここで買えます

JA静岡市じまん市各店

1

ほんやま自然薯

買える時期 1 2 3 4 5 6 7 8 9 10 11 12
10月～2月

1.曲りが無くて料理がしやすく、粘りが強い。1本1000円前後と買いやすい価格も魅力。
2.ひげ根はガスコンロで焼き切り、皮ごとすって使う（写真手前が焼いた後の自然薯）。
3/4/5.畑に案内してくれた繁田さん。地中にはビニールトタン板が幾重にも重なり、その間にビニールの筒が挟まっている。30mの畝で150本ほど収穫できるというから驚きだ。

まっすぐ育った大地の恵み 山の香りに秋を感じる食材

寒暖の差が激しい静岡市本山の地で昔から作られてきた風味豊かな自然薯。古くから自生するヤマイモは掘るのが大変で、今は里山整備が行き届かないため稀少になってしまった。ほんやま自然薯部会では味、香り、粘りの良い自然薯のむかご（種）を選抜し、畑で栽培する「ほんやま方式」で育てている。

以前はパイプを使っていたが、2008年にビニール筒を使う独自の方式を特許出願。部会の繁田正博さんは「水はけが良くて日がよく当たると、いい自然薯ができる。ビニールだと水が入らないから病気にもなりにくいよ」と話す。収穫作業が楽になり、収量も増えた。じっくり半年以上かけて育つ自然薯で、滋味あふれる山里の味を堪能しよう。

濃厚な味と香りが楽しめる「むかご」は直売所で大人気。白米と一緒に炊いて「むかごおにぎり」はいかが？

農家さん 直伝レシピ

自然薯のオーブン焼き

材料（4人分）
自然薯200g、チーズ適量、塩少々、オリーブ油適量

作り方
❶自然薯は食べやすい大きさに輪切りにする。
❷耐熱の器に①を並べ、電子レンジで火を通し、オリーブ油、塩、チーズをのせ180℃のオーブンで5分くらい焼く。
❸好みでブラックペッパーをふりかけて完成。

知っ得メモ

【選ぶ時のコツ】
とれたては色白で表面に張りがある。光に当たると青く変色し、味も渋みが増す。

【上手な保存法】
土付きのまま光に当てずに保存。残った場合は切り口表面を乾かし、土を洗い流さず新聞にくるみ、ビニール袋に入れて野菜室へ。

ここで買えます
JA静岡市じまん市各店、市内主要スーパー

清水産は、出荷規格で軟白部は30cmと決まっている。ひと皮むくと、みずみずしい肌が現れ、いい香りが立つ。

知っ得メモ

【選ぶ時のコツ】

輝くようなパールホワイトの肌で、緑と白の境目がはっきりしているもの。巻がしっかり硬く、首がブヨブヨしていないもの。

【上手な保存法】

新聞紙で包み、日の当たらない涼しいところに立てておく。切ったらラップに包んで冷蔵庫へ。泥つきなら庭に埋めると長持ちする。

ここで買えます

JAしみずグリーンセンター、しずてつストア、イオンなど

2

白ねぎ

買える時期　1 2 3 4 5 6 7 8 9 10 11 12　12月～2月

1

1/2.笑顔が素敵な平井さん夫妻。土寄せして段差を作った畑に立つと、腰まですっぽり。
3.栽培期間は半年。丁寧に4回行う「土寄せ」が見事に高さのある畝を出現させた。寄せた土が光を遮るため、ネギが甘くやわらかくなる。

寒さでグンと甘くなる 1月の地元産をぜひ味わって

3

2012年の冬から白ネギの出荷を始めた平井滋悦さん、喜美代さん夫妻は、清水で導入が進むいくつかの新規作物の栽培を手掛ける。「茶やみかんのように永年作物（一度植えたら長く収穫できる作物）以外を作るようになって、堆肥と土づくりの大切さを改めて認識しました」と平井さん。

日当たりのいいふかふかの土壌で育った白ネギは病気知らずで太くて柔らかく、緑の葉の先端までおいしい。鮮度がうまさの決め手となるネギ。採れたての香り高さとみずみずしさを、いろいろな料理で楽しんでほしい。

1

知っ得メモ

【選ぶ時のコツ】

葉先までみずみずしくピンと張って、緑色が鮮やかなもの。下部が白く、根が新鮮なもの。

【上手な保存法】

冷蔵庫では販売袋のまま立てて保存。袋がない場合は軽く湿った新聞紙に包みビニール袋に入れる。

ここで買えます

JAしみずグリーンセンター、産直プラザふれっぴー各店、JA静岡市じまん市各店、市内主要スーパー

3

1.葉ネギを4cm程度に切り、さきいか、塩昆布と混ぜ合わせた「浅漬け」など、薬味ではなく葉物野菜としてたっぷり食べてほしい。
2.生育適温に合わせ、夏は地下水をくみ上げて養液を冷やすなど「選ばれるネギ」作りに余念がない。
3.月に1度開催する目揃え会。

2

葉ねぎ

買える時期　1 2 3 4 5 6 7 8 9 10 11 12　通年

パリッと姿が美しい清水産 深緑色で肉厚な久能産

東日本で好まれる白ネギと、西日本で好まれる青ネギに大別されるネギ。白・青両方の産地を有する静岡県だが、静岡市で古くから作られてきたのは青ネギだ。清水区中部・西部での主な栽培法は水耕。土耕より生育期間が短く、みずみずしくパリッと硬く、出荷後も美しい姿が持続する。「見た目で選んでもらえるよう姿のいいネギ作りを心掛けている」と園主の山田紘正さん。生産者はわずか5軒だが栽培規模は大きく、京浜市場に「清水のこねぎちゃん」ブランドで出荷する。一方、駿河区久能地区、清水区三保地区は土耕で栽培。日をたっぷり浴びて育つ葉ネギは深緑色で肉厚。香りと甘さが際立つ逸品として知られる。

1.「気軽に食べてもらえるように、殻を取った生のギンナンを出荷できれば」と夢を語るギンナン部会部会長の青木陽一郎さん。
2.たわわな実の中心にある種がギンナンだ。9月から早生品種「金兵衛」の収穫が始まり、主力品種「久寿」、大粒種「藤九郎」と続く。
3.果肉を取り除いた状態。清水の宝之窪共選場は全国に先駆け機械化を導入した国内有数の産地だ。

ぎんなん

買える時期 1 2 3 4 5 6 7 8 9 10 11 12

9月上旬～12月下旬
期間中、品種を変えながら最盛期が続く

料理の彩りやおつまみに最高 素揚げ、塩炒りでもちもち感アップ

晩秋に街路を黄色く染めるイチョウの木。その種であるギンナンは、栄養価が高く、原産国中国では漢方薬にも使われてきた。素朴で香ばしい風味は、実りの秋ならでは。殻むきが面倒だと思われがちだが、封筒に入れてレンジで2分チンすれば手軽に味わえ、おつまみや料理の彩りに大活躍だ。

清水区興津産の早出しギンナンは9月から店頭に並ぶ。美しいヒスイ色で料亭などの引き合いも多い。

固い殻に覆われ、一見日持ちしそうに見えるが、みずみずしい食感と鮮やかな色を楽しめる期間はそう長くはない。清水産は殻付きの状態を真空パックで出荷するので、鮮度が長持ちすると評判も上々だ。

知っ得メモ

【選ぶ時のコツ】

殻の表面が白くつるつるして艶があり大粒のもの。振ってみてコロコロと音がするものは避ける。

【上手な保存法】

真空パックのまま冷蔵庫の野菜室へ。長く保存するなら殻を割り、中の実を茹で、薄皮をむいてから冷凍するとよい。

ここで買えます

JAしみずアンテナショップきらり、グリーンセンター、産直プラザふれっぴー各店、JA静岡市じまん市各店

軽く塩をふった熱々の素揚げも美味。ビタミンB1、Cのほかコレステロール値を下げるという良質なレシチンも含む。

里芋

買える時期 1 2 3 4 5 6 7 8 9 10 11 12

10月～1月

「女早生」は子芋、孫芋を食べるので、おせち料理や祝い料理にも欠かせない。

静岡では珍しい 麗しの「女早生」

2009年から清水の新規作物として小島、両河内、庵原で出荷が始まった里芋「女早生（おんなわせ）」。稲作より古く日本に伝来し、県内でも多くの在来種が確認されている里芋は、各地で有名品種がいくつか栽培されているが「女早生」は清水だけ。大粒で丸みがある美しい里芋は愛媛県の品種。清水の栽培環境や食味の検討を重ねた末に導入された。

ポピュラーな土垂（どだれ）種に比べて泥臭さが少なく、きめ細かな肉質。もっちりとした食感は洋風料理にもぴったりだ。水分が加わると独特のねっとり感が出るため汁物にした時の旨さは抜群。里芋に馴染みのない方にこそおすすめしたい。

1.栽培には豊富な水が必要で貯水設備の整っていない山間地では工夫が必要。39軒の生産者の一人、大橋智さんはマルチシートで乾燥を防いでいた。
2.皮の薄さは調理には便利だが、出荷調整には苦労する。毛を取るのも選果も傷つけないよう全て手作業。

知っ得メモ

【選ぶ時のコツ】

適度に泥が残り、濡れすぎたり乾きすぎたりしていないもの。里芋は用途や好みに合わせ、それに合う品種を選ぶことが大切。

【上手な保存法】

熱帯・亜熱帯原産で高温多湿を好み、乾燥と冷気に弱い。泥付きなら新聞紙にくるみ、湿度を保ちつつ常温保存。皮むきはすぐ食べ切る。

ここで買えます

JAしみずアンテナショップきらり、産直プラザふれっぴー各店、しずてつストアなど

キウイフルーツ

kiwifruit

知っ得メモ

【選ぶ時のコツ】

すぐに食べたい時はやわらかめを、すぐに食べない場合は少しかためを選ぶ。手に持った時に表面が耳たぶ程度のやわらかさになっていれば食べ頃。

【上手な保存法】

追熟させたい場合は常温で、リンゴやバナナなどエチレンガスを出す果物と一緒に密閉した袋に入れておく。長くもたせたい場合は冷蔵庫へ。

ここで買えます

JA静岡市じまん市各店、JAしみずアンテナショップきらり、産直プラザふれっぴー各店

1

2

1.うぶ毛がないレインボーレッド。タンパク質分解酵素アクチニジンの含有量が少なくゼラチンを溶かさないので、フレッシュな状態でゼリーに使えるのも特徴。
2.JA静岡市キウイ委員会委員長の村田嘉巳さん夫妻。9月から糖度チェックを始め6・5度になったら収穫のサイン。

3

3.一度食べるとファンになる人が多く、試食会での評判は上々。凍らせてシャーベットにすればヘルシーなデザートになる。
4.「レインボーレッドジャム」は熟れ過ぎた実など地元の素材を100%使った商品。まろやかで飽きのこない味わいだ。

4

レインボーレッド

買える時期 1 2 3 4 5 6 7 8 9 10 11 12

10月～11月中旬

わずかな旬を逃さないで！ 静岡生まれの甘～い品種

1995年頃に、旧富士川町の小林利夫さんが育成・選抜し、商品化したキウイ「レインボーレッド」。JA静岡市では1999年に栽培が始まり、今では麻機・瀬名の東部地区、長田、藁科地区で33軒の生産者が年間約25トンを出荷。JAしみず管内でも年間約10トン出荷し、静岡県を代表する産地となっている。当初は実が小さいことが課題だったが、福岡などの大産地に視察に行き、研究や工夫を重ねた結果、今では大きな実がなるようになった。

収穫は9月中旬～下旬とキウイとしては早生の品種。一旦冷蔵貯蔵をした後、10月上旬に初出荷の日を迎える。長期間の冷蔵保存がきくヘイワードと違い、冷蔵の状態でも追熟が進むため、市場に出回るのは約1カ月半と短い。その希少性から高値がつくのは作り手にとって魅力だが、流通期間が短い分、認知度がいまひとつ広がらないのが悩ましいところだ。

ところで、鮮やかな赤色以上にインパクトがあるのが、濃厚な甘さ。少し酸味のあるヘイワードに慣れてる人は驚くかもしれない。まだ未体験の人は、ぜひ一度お試しあれ。

農家さん直伝レシピ

レインボーと白玉のいちはなちゃんシロップ

材料（4人分）

レインボーレッド2個、いちはなちゃんイチジクジャム（P21参照）適量、白玉粉と絹ごし豆腐各50g

作り方

❶レインボーレッドの皮をむき一口大に切る。
❷白玉粉と絹ごし豆腐をボウルに入れ、耳たぶ程度の硬さにこねる。硬ければ少量の豆腐を足す。団子に丸め、真ん中をへこませる。
❸熱湯で②を茹で、浮いてきたらさらに1分茹でて氷水にとる。水気を切りジャムで和える。器に①をよそい、好みでジャムを加える。

1

2

1.茶色く毛の生えた外見がヘイワードの特徴。ニュージーランドの国鳥「キウイ」に似ているところからキウイフルーツの名が付いた。
2.ヘイワードと玉ねぎ各1個ずつと生姜少々をすりおろし、白ワインと醤油各50cc、ハチミツ少々を混ぜたソースは肉料理と相性抜群。ぜひ試してみて。

ヘイワード

買える時期　1 2 3 4 5 6 7 8 9 10 11 12
2月下旬～4月上旬

キウイの中で一番ポピュラー スムージーや肉料理にも ぜひ使ってみて

果物の中でもダントツにビタミンC含有量が多いキウイ。1個食べると1日分のビタミンC必要量をまかなえ、食物繊維が豊富なのでお通じの改善にも効果的だ。キウイと聞いて、まず思い浮かべるのが緑色の「ヘイワード」。甘みと酸味のバランスがよく、キウイの中で最もポピュラーで人気もある。

ミカンからの転作で静岡市内で栽培が広まったのは30年ほど前。今は当時より生産者数は減ったが、「レインボーレッド」とほぼ同じ量を出荷する。ヘイワードは低温状態を保つと追熟を遅らせることができ、3～4カ月間は保存がきく。その特徴を生かし、11月半ばに収穫した後、ニュージーランドからの輸入品がなくなる3月頃まで冷蔵保存、追熟させて出荷する。輸入のキウイが出回らない時期に出荷する販売戦略で、輸入品との競合を避け、国内の安定した通年流通を支えている。

農家さん直伝レシピ

ヘイワードキウイのスムージー

材料（2～3人分）
ヘイワード2個、
リンゴ（王林）1個、
水菜1/2束程度、
水適量

作り方
❶ミキサーの性能に合わせて材料を適宜切る。キウイもリンゴも皮ごとがおすすめ。
❷入れる順番を考え、全ての材料を入れてミキサーにかける。

おいしいスムージーの法則

＝ベース果物（リンゴかバナナ）＋季節の果物＋酸味のある果物＋旬の葉物野菜
キウイは「季節の果物」「酸味のある果物」の両方を兼ね備えている。同系色の食材同士を合わせると失敗しない。ヘイワードには黄色か緑色のリンゴが合う。

ヨーグルトとキウイは王道の組み合わせ。種のプチプチ感が好きな人も多いはず。

静岡ゴールド

市場に出回るのが楽しみ！ 期待の静岡県オリジナル品種

JA静岡市のキウイフルーツ委員会と果樹試験場が中心となって、品種改良と育成を進めている第3のキウイが、黄色い果肉「静岡ゴールド」だ。2014年10月、農林水産省に新品種として登録申請され、数年後には苗木が販売される見通しだ。酸味が少なく甘みが強く、子どもにも喜ばれそうな味で、収穫はレインボーレッドより1カ月ほど遅い11月。お歳暮やフルーツの需要が増える年末の引き合いが期待されている。

大川の赤かぶ漬
P31

温州みかん あら? a la! 冬富士山
P32

わさびの丸ごと塩麹漬け
P06

長田唐芋のフリット風昆布茶がらめ
P38

カリッとトロッと!
濃厚焼きトマト
P37

するが牛のロースステーキ
P10

冬

しずおか 旬彩ごはん

静岡市の暖かい冬を
うれしく思うのは、
「雪が降らないから」だけじゃない。
お日様をたっぷり浴びた甘いみかんが
里山のあちこちで橙色に色付き、
オクシズの清流では
真冬でもわさびが青々として美しい。
地元産の極上牛肉を主役に、
今宵は冬の味覚を彩りに。

ふじのくに新商品セレクション
を受賞！

お母さんの味「大川の赤かぶ漬」

静岡市北西部の標高500mにある大川地区で育った赤かぶを大川加工センターの女性が加工した漬け物。鮮やかな赤はかぶの色素が酢に溶け出たもので原料はほかに酢と甜菜糖と塩だけ。静岡県の「ふじのくに新商品セレクション」で金賞に選ばれた逸品だ。

懐かしい味をちょっとアレンジ
超簡単！果汁100%のヘルシーアイス

温州みかん あら? a la! 冬富士山

【材料】2人分
温州みかん……2個+半分
コンデンスミルク……適量

【作り方】
①温州みかん2個の皮をむいて小房に分け、バットに並べて冷凍する。飾り用の温州みかん（半分の方）は皮を洗って縦半分に切り、半月型に薄切りにする（使うのは半分くらい）。
②凍った①をフードプロセッサーで砕く。
③器の中に飾り用の①をぐるりと並べ、その内側に②を手早く盛りコンデンスミルクをかける。

スライスを酒肴にしても、すっても良し
保存もきく新しい食べ方

わさびの丸ごと塩麹漬け

【材料】作りやすい分量
わさび（中程度の大きさ）……1本
塩麹………大さじ3程度

【作り方】
①わさびは表面の黒ずんでゴツゴツした部分を皮むき器で薄く削って取り除く。
②厚手のビニール袋に入れ、塩麹をまぶす。冷蔵庫で1昼夜漬ける（漬け具合はお好みで。）

日本古来の食材を
揚げずにオーブンでフリット風に

長田唐芋のフリット風昆布茶がらめ

【材料】2人分
長田唐芋……4個
油……小さじ1
塩……適量
Ⓐ 昆布茶……大さじ1/2
グラニュー糖……大さじ1/2

【作り方】
①長田唐芋は大きめを選び、丸めたアルミホイルでこすり洗いする（洗いすぎないのがコツ。表面がぬめってしまうのは洗いすぎ）。
②太さ1cm角の柱状に切る。水気をふき取りビニール袋に油と一緒に入れ、袋をよく振る。油が行き渡ったら軽く塩をまぶす。
③フタがきっちりしまる鍋に②を並べ入れ、250℃に設定した予熱なしのオーブンで20分焼く。ほんのりきつね色になっていなければ、さらに加熱する（機種により250℃に達するまでの時間が異なるため、時間ではなく焼け具合を見る）。
④混ぜ合わせたⒶを③にまぶす。

ステーキを焼いた後の肉汁を利用
トマトは中玉でも大玉でもOK。

カリッとトロッと!濃厚焼きトマト

【材料】2人分
中玉トマト……4個
Ⓐ オイスターソース……大さじ1
赤ワイン……大さじ1/2
米粉（または上新粉）……適量
バター……小さじ1/2

【作り方】
①トマトは1.5cm程度の厚さで横方向の輪切りにしⒶは混ぜ合わせておく。
②焼く直前にトマトに米粉をたっぷりまぶし、余分な粉をはたく。ステーキを焼いた後のフライパンを洗わずそのまま使い、両面をこんがり焼く。
③②を片側に寄せて強火にし、空いた所にⒶを注ぐ。泡立ったら手早くトマトに絡め、さらにバターも加えて絡める。

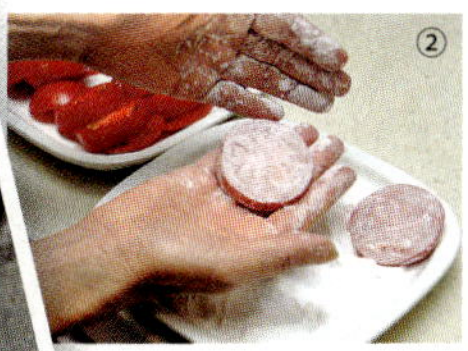

赤身の旨みと脂の香りが奏でる極上のハーモニー

するが牛のロースステーキ

【材料】人数分
するが牛……人数分
塩……適量
コショウ……適量

【作り方】
①するが牛は冷蔵庫から出して常温に30分ほど置く。焼く直前に塩とコショウをふる。
②フライパンをしっかり熱し、添付の牛脂（分量外）を溶かす。
③好みの焼き加減に焼き上げ、お好みの野菜（分量外）などと一緒に皿に盛る。

※電子レンジは記載がない限り600Wを使用

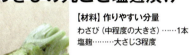

貯蔵して甘みを増してから出荷する晩生品種の「青島温州」。温州みかんはビタミンやβ－クリプトキサンチンを手軽に摂れる健康効果が注目されている（P35参照）。

青島温州

買える時期　1 2 3 4 5 6 7 8 9 10 11 12

12月～3月下旬

不動の人気を誇る、温州みかんの代名詞　栽培や選果の近代化で、よりおいしく！

静岡県はみかん収穫量が全国第3位の「みかん王国」。6月には店頭に並ぶハウスみかんに始まり、コタツで味わう冬場のみかん、そして長期貯蔵した高糖度みかんは春先までと、ほぼ一年中楽しめる。「温州みかん」と総称される中に品種はいろいろあるが、静岡市と言えばやはり「青島温州」だ。昭和10年代に当時の主力品種だった「尾張温州」の枝変わり（突然変異）が葵区福田ケ谷で発見されて約80年。主力の地位に変わりはないが、栽培環境は驚きの進歩を遂げた。その好例が、県が推進する清水区原、新丹谷などの土地改良事業だ。「作業が楽になって収量も増えた。日光がまんべんなく当たるので品質も安定して評判がいいですよ」とJAしみず柑橘委員長の朝倉克年さん。品質の向上と作業の効率化は次世代の育成にも一役買っているという。

またワンランク上の味を求めるニーズに応え、光センサーで選果する高糖度みかんは人気が定着。「あっぱれ様」「いあんばい」「夢頂（ゆめいただき）」など選りすぐりの逸品は贈答用にも喜ばれている。

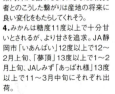

農家さん直伝レシピ

青島みかんジャム

材料（4人分）

青島みかん（皮をむき、ほろを取り除く）約800g、グラニュー糖100g（みかんの甘さでお好みで調整してOK）、レモン汁20cc

作り方

❶ほろを取り除いた青島みかんにグラニュー糖をかけ、半日から1日、冷蔵庫で寝かす。

❷①を鍋に移し、最初は中火で実を崩しながら煮立てる。沸いたらアクを取り、弱火で煮る。

❸途中でレモン汁を加え、少しとろりとしたら火を止める。別の容器に移し、粗熱を取ってから冷蔵庫で冷やす。

1/2. 全国でも類を見ない大規模土地改良が行われた新丹谷の畑。以前は急斜面で効率が悪く、危険とも隣り合わせだったのが、畑のそばまで車で来られ、水分調整や雑草抑制に役立つマルチシートが使えるようになった。
3. 出来ばえに思わず笑顔の朝倉さん。清水いはらICに近い新丹谷では数年前から「ミカンの樹オーナー制度」を開始。収穫を楽しむ観光客が県内外から訪れるようになった。消費者とのこうした繋がりは産地の将来に良い変化をもたらしてくれそう。
4. みかんは糖度11度以上で十分甘いとされるが、より甘さを追求。JA静岡市「いあんばい」12度以上で12～2月上旬、「夢頂」13度以上で1～2月上旬、JAしみず「あっぱれ様」13度以上で11～3月中旬にそれぞれ出荷。

知っ得メモ

【選ぶ時のコツ】

形が扁平で皮の色が濃く表面のつぶつぶした丸い細胞（油胞）がち密でツルツルしたもの、軸が細く黄色っぽいものが甘い。

【上手な保存法】

風通しの良い涼しい場所で保管する。上にのったみかんの重さで下側のみかんが傷まないように注意する。

ここで買えます

JA静岡市じまん市各店、JAしみずアンテナショップきらり、産直プラザふれっぴー各店、主要スーパーなど

1.「はるみ」が店頭に並んだら春はすぐそこ。みずみずしくプリッとした果肉はご覧の通りだ。静岡県が国内外に誇る高品質な農産物を認定する「しずおか食セレクション」にも選定された。
2.青島温州よりひと回り大きくオレンジほどの大きさ。

3.「どうしたら皆に喜んでもらえるみかんが作れるかと日々考えている」と話す田島利雄さん。はるみ栽培の先駆者だ。
4.元々あった急傾斜の園地を土地改良事業で平坦化した南矢部の畑。駿河湾が見渡せる風光明媚な場所で大切に育てられている。

はるみ

買える時期 1 2 3 4 5 6 7 8 9 10 11 12
2月上旬～3月中旬

食べたらハマるサクぷち食感
ほろごと食べられる手軽さが◎

ジューシーな甘みは「清見」から、食味の良さは「ポンカン」から受け継いだ「はるみ」は、今から約20年前に興津の果樹研究所で誕生。1996年に品種登録された比較的新しい品種だ。

さっぱりした甘さとサクサクでぷちぷちした食感、手で簡単に皮がむけ、ほろごと食べられる手軽さからファンが増え、出荷量は当初の25トンが今では400トン以上。清水区の350軒が育てる主要作物となった。栽培にはひと際手がかかり、水が多すぎれば糖度が上がらず、糖度を上げようと収穫を遅らせれば霜や鳥害に遭うため生産者泣かせの一面もあるそう。収穫後に約2カ月寝かせ、甘みがグンと増したものが店頭に並ぶ。

知っ得メモ

【選ぶ時のコツ】
果皮のオレンジ色が濃く、皮が浮いていないもの。手に持ったときに重みが感じられるものが水分が多くジューシー。

【上手な保存法】
風通しのいい冷暗所に保存し、青島温州と同じように重みで傷まないように注意する。

ここで買えます
JAしみずアンテナショップきらり、産直プラザふれっぴー各店、JA静岡市じまん市各店、主要スーパーなど

表面がつるつる
「こん太」
一般的な「ニンポウキンカン」
酸味を含む果肉
酸味を含む果肉がほとんどない代わりにアルベドと呼ばれる白い可食部分が多い

こん太

買える時期 1 2 3 4 5 6 7 8 9 10 11 12
1月下旬～3月

ちょっとした贈り物にもいい
スイーツみたいな極甘キンカン

昔から「風邪が流行るとキンカンが売れる」と言われるように、丸ごと食べられて栄養素がしっかり摂れるキンカンは、民間薬として喉の不調や咳止めに効果的とされる。

口にポンと入る手軽さとさわやかな香りが魅力的な一方、味は酸っぱいイメージが定着しているが「こん太」はそんな印象を一変させる高糖度が特徴だ。

「大玉で甘くてデザート感覚で食べられる。そんなこん太に惚れ込んでしまいました」と話すのはこん太研究会の近藤喜美雄さんだ。2009年には3軒だけだった生産者が今では10軒になり出荷量も右肩上がり。2015年は約8トン出荷した。「欲を言えばもう少し仲間を増やしたい」と近藤さん。小さな果実に大きな夢を託された「こん太」から今後も目が離せない。

知っ得メモ

【選ぶ時のコツ】
果皮がなめらかで色づきが良く、傷がないもの。パンと張りがあり、赤みがかったオレンジ色のもの。大玉の方が甘い傾向がある。

【上手な保存法】
常温でも日持ちは良い方だが、冷蔵庫に入れる場合は乾燥しないようにビニール袋にいれて密閉し水分の蒸発を防ぐ。

ここで買えます
JAしみずアンテナショップきらり、産直プラザふれっぴー各店、静鉄ストアなど

1.樹上完熟が売りの「こん太」はおやつにもピッタリ。丸ごと冷凍しても糖度が高くカチカチにならないためアイス感覚で味わえる。
2.ネーミングは発見者・近藤恭史氏の名前に由来する。
3.皮ごと食べるので色づきや傷など見た目にもこだわって選果される。

ほぼ1年中楽しめる

旬の彩り、
味いろいろ。

しずおか みかん図鑑

秋から冬に出回る「青島温州」に代表される温州みかんのほかにも、ほぼ1年中何かしらの柑橘類が店頭に並ぶのは、みかん王国・静岡市ならでは。注目のβ-クリプトキサンチンなど元気パワーを秘めたみかん。旬を逃さずチェックして、健康のために一年中味わってみませんか？

スルガエレガント

「甘夏」と「文旦」を交配した静岡市で生まれた早生品種の甘夏。静岡市の特産でかつては「駿河甘夏」と呼んだ。皮がなめらかで柔らかく、生食のほかマーマレードやオレンジピールにも向く。

青《あお》島《しま》温《うん》州《しゅう》

昭和10年代に静岡市の青島平十氏が発見した静岡市の主力ブランド。晩生で形が平べったく、貯蔵で甘みを増す。県全体で生産する「温州みかん」の半分以上を占める。

はるみ

「清見」と「ポンカン」を交配し静岡市で生まれた品種。果汁たっぷりでさわやかな甘さとプチプチ食感の果肉が特徴。手で簡単に皮がむけ、食べやすいのも人気の理由。

買える時期　最盛期

品名	販売時期	6月	7月	8月	9月	10月	11月	12月	1月	2月	3月	4月	5月
ハウスみかん	6月下旬~9月上旬		7月中旬~8月中旬										
極早生みかん	9月下旬~10月上旬					10月上旬							
ゆら早生	10月中旬~下旬					10月中旬							
早生みかん	11月						11月中旬~下旬						
青島温州みかん	12月~3月								1月				
太田ポンカン	12月下旬~1月下旬								1月上旬~1月中旬				
こん太	1月下旬~3月									2月中旬~3月上旬			
せとか	2月~3月									2月			
はるみ	2月上旬~3月中旬									2月中旬~3月上旬			
不知火(デコポン)	3月上旬~4月上旬										3月中旬~下旬		
スルガエレガント	3月~4月上旬											3月下旬~4月上旬	
清見	3月中旬~4月中旬											3月下旬~4月上旬	
甘夏	4月											4月中旬	

太田ポンカン

清水区庵原で1940年代に太田敏雄氏が「庵原ポンカン」の枝変わりとして発見した。酸味が少なく糖度は高め。まろやかな甘みでポンカンの中でも最も早く出回る。

こん太

清水区の近藤恭史氏が発見した甘みが極めて強いキンカン。ハウス栽培の樹上完熟出荷で糖度は20〜23度になることも。皮が柔らかくデザート感覚で食べられる。

せとか

「清見×アンコール」と、甘くて皮が薄い「マーコット」を交配して生まれた。甘みが濃厚で多汁。「青島温州」より大きいが、皮は薄くてむきやすく柔らかい食感が特徴。

不知火《しらぬい》

完熟するまで木にならし、甘みと酸味のバランスがよく種はほとんどない。「はるみ」と同様、「清見」と「ポンカン」の交配だがヘタが突き出ている。商標登録名は「デコポン」。

清見《きよみ》

温州みかんとオレンジの交配。静岡市で育成した日本初のタンゴール（みかんとオレンジの交雑種）。オレンジの芳香と温州の甘みの両方を継ぐ。皮は堅めなのでナイフで切る。

健康効果に期待が集まる オレンジ色の成分 β-クリプトキサンチンとは？

温州みかんに特に多く含まれ、その健康効果に注目が集まっているのがβ-クリプトキサンチンだ。体内に蓄積される期間が長く、骨密度低下や肝機能障害、動脈硬化、痴呆のリスクを軽減する、免疫力を高めるなどの研究成果が報告されている。

1.先代が積み重ねてきた知恵を引き継ぎ、親世代と一緒にトマト作りに励む柴さん。
2.完熟は傷みやすいため青いうちに出荷。店頭に並ぶ頃には真っ赤に色づく。
3.清水区両河内では壁面に開口部があるハウスで栽培。雨による泥ハネを防ぎ高品質なトマトを長期出荷する通称「雨よけトマト」だ。露地では3カ月が限界だが5カ月も収穫できる。

知っ得メモ

【選ぶ時のコツ】
尻部分が星状に分かれ、そこから放射状に筋が見えるものは甘い。角張った形より丸みを帯びたものを。

【上手な保存法】
青い場合は常温に置くと赤くなる。日持ちさせるなら冷蔵庫へ入れる。

保存する時はヘタを下に！

ここで買えます
産直プラザふれっぴー各店、市内主要スーパーなど

日本一歴史がある促成栽培の技
世界遺産・三保松原近くで育つトマト

　南米原産のトマトは温暖で乾燥した地域と相性がいい。市内でも特に豊富な日照量を誇る清水区三保は、大正時代から続く促成栽培発祥の地だ。

　露地ものが出回る7月上旬に、ハウストマトは種をまき、畑に定植するのは8月。水をたっぷり与え、まず根をしっかり張らせる。昼夜の寒暖差が大きい秋以降は水やりを減らし、糖分を蓄えさせる。品種は根強い人気の「桃太郎」と、砂地と相性がいい品種を2種類ほど。皮が薄く甘みのある、昔ながらの味だ。

　若手生産者の一人、柴実輝治さんは、「数ある商品の中から好みの味を消費者が選ぶ時代。どんなものが求められるのか見極め、喜ばれるものを作りたい」と話す。お薦めの食べ方をたずねると「生が一番だけど、卵と炒めるなど加熱すると、より甘さが引き立っておいしいですよ」と教えてくれた。

大玉トマト

買える時期	1	2	3	4	5	6	7	8	9	10	11	12

通年(露地も含む)

トマトに含まれるリコピンは老化や動脈硬化の原因とされる活性酸素を減らす働きが注目されている。カロテン、カリウムも豊富。

農家さん直伝レシピ

イタリアントマトドレッシング

材料／約300cc分
すりおろし玉ねぎ50g、マヨネーズ10g、大玉完熟トマトみじん切り1玉、粉チーズ5g、レモン汁少々、パセリ少々、塩6g、砂糖7g、サラダ油100cc、オリーブ油10cc

作り方
❶オリーブ油、サラダ油以外の材料をボールに入れる。
❷①を泡だて器で混ぜながら、オリーブ油、サラダ油を少しずつ垂らしながら加える。
❸密閉できる容器または瓶に移して完成。

アドバイス
トマトの品質で味が変わるのでなるべく真っ赤に完熟したトマトを使うのがコツ。

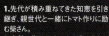

4.ピンポン玉大の「レッドオーレ」。昼夜の寒暖差があると実がゆっくり育つため、晩秋から春先にかけて味がのってくる。
5.黄色いトマト「エスパルチェ」。甘く濃厚な味でβ-カロテンが豊富。

1.収穫から箱詰めまで女性が大活躍。水なしまたはごく少量の水とレッドオーレを煮て作るおいしいトマトスープが元気の源だという。
2/3.午前中に収穫し、午後に箱詰め。京浜市場が多いが、県内の市場にも出荷。

中玉トマト

買える時期 1 2 3 4 5 6 7 8 9 10 11 12
通年（露地も含む）

フルーティーな味が大人気 今では日本有数の産地に

気軽につまめて、簡単に栄養補給もできる中玉トマト。市内各地で作られているが、中でも清水区三保・折戸で育つ「レッドオーレ」は、フルーティーな甘さと程よい酸味、食味の良さで人気が高い。

三保の石野博己さんが約20年前にこの地で初めて栽培し、産地化を目指して仲間を募った。すると大玉トマトから転向する人が集まり、生産者は15軒に。今では計3・3ヘクタールのハウスで年間約200トンを出荷する日本有数の産地の一つに成長した。飲食店や大手コンビニチェーンからも引き合いがあり、ハウス栽培が難しい真夏を除いてほぼ一年中市場に出る。糖度は高いと10度以上にもなるそうだ。

知っ得メモ

【選ぶ時のコツ】
ヘタがピンと張っているものは採れたてで鮮度がいい。ヘタがしおれているものは収穫して時間が経っている。

【上手な保存法】
きれいに洗って冷蔵庫で保管すれば1カ月くらい日持ちする。ただし傷があるもの、実が割れているものは早めに食べること。

ここで買えます
産直プラザふれっぴー各店、市内主要スーパー

ほうれんそう

買える時期 1 2 3 4 5 6 7 8 9 10 11 12
9月～5月

産地リレーで年中スーパーに出回るが本来の旬は冬。鉄分は野菜の中でトップクラスだ。

冬限定で地元限定 プレミアムな葉物野菜

枝豆の周年出荷で知られる清水区の駒越地区。燃料費の高騰が続く昨今、将来に渡る安定的な経営を見据え、加温の必要な冬場の枝豆に替え、ホウレンソウに取り組んでいる。

「採れたてが一番うまい！」という信念のもと、冬に旬を迎えるホウレンソウが最もおいしくなる3カ月間のみ栽培し、出荷先も地元周辺に限定するなど、おいしさと鮮度を重視したプレミアムな一品だ。

駿河湾沿いの豊富な日照を浴び、ハウスの中でのびのびと葉を伸ばすホウレンソウ。葉先まで青々と美しく肉厚で、風味は穏やかなので、いろいろな料理に使えそうだ。JA静岡市では平野部を中心に露地栽培も行われている。

知っ得メモ

【選ぶ時のコツ】
葉に厚みがあってピンとはってみずみずしく、茎が太すぎないもの。

【上手な保存法】
湿らせた新聞紙に包んでからビニール袋に入れ、冷蔵庫に立てて入れる。

ここで買えます
県内主要スーパー

1.2013年に研究会が発足、今はほうれん草部会となり、よりいいものを作ろうと試行錯誤中だ。生もおいしいが「バター炒めが好き。ベーコンを入れるのもいいね」と瀧戸英史さん（中央）たち。
2.適度な温度をもたらす砂地を生かし、水分コントロールや強風対策には枝豆栽培施設を巧みに利用して育てている。

1.しま模様も長田唐芋の特徴。ぬめりの成分ムチンは胃の粘膜を保護しタンパク質の消化吸収を助ける。
2/3.親芋は残し、小芋と孫芋を出荷。小芋から手のひらサイズまで各種販売。

4.「生産者を増やして名産品に育てたい」と話してくれた長田唐芋部会部会長の小野田潔和さん。
5.水分が多い土地を好むので元は水田だった場所でも育つ。

知っ得メモ

【選ぶ時のコツ】
ずしりと重く硬い芋は実が充実している。やわらかいものは古く、傷があるとそこから傷むので避けた方が無難。

【上手な保存法】
低温と乾燥に弱いため新聞紙などにくるんで常温保存を。皮をむいてゆでたものは冷凍して長期保存できる。

ここで買えます
JA静岡市じまん市各店

長田《おさだ》唐芋《とうのいも》

買える時期 1 2 3 4 5 6 7 8 9 10 11 12
11月初旬〜3月

もっちり・なめらか・ほっくほく 長田ブランドのニューフェース

独特の風味があって味が濃く、きめの細かさと粘りが特徴の「長田唐芋」は長田地区期待の新顔野菜。元々果樹が盛んな長田で5年ほど前に試験栽培を始め、今では約30軒が手がける。シンプルに塩ゆでにすると、ホクホクした食感がたまらない。初めて長田じまん市で販売した時には、普通の里芋と間違えられたり少し高めの価格が敬遠されたりしたが、試食会を重ねる度にリピーターが付き、昨年からじまん市全店に並ぶことになった。キャラクター「とうまるくん」も誕生し、長田の桃に続く新ブランドに育てようと部会が力を入れる。煮崩れしにくいので煮物や炒め物、お雑煮にも重宝する芋だ。

松野ごぼう

買える時期 1 2 3 4 5 6 7 8 9 10 11 12
9月〜12月

歴史ある「松野の根菜」が復活！ 掘りたての味と香りは格別

安倍川中流域にある松野地区は、古くから根菜の栽培が盛んな土地で、戦後間もない頃、農家はゴボウやダイコン、ニンジンをリヤカーに乗せて街なかに行商に出ていたという。その後、松野は茶処静岡の主力産地の一つとして緑茶生産が盛んになったが、近頃の茶価低迷を受けて、いま再びゴボウが作られるようになってきた。

「今80代の人には松野のゴボウって言ったら懐かしいはず。掘りたてを出荷するので香りも味もいいよ」と話すのは生産者の小田巻道人さん。根菜に向いた水はけも水持ちもいい土地で育つため、みずみずしくやわらか。大きめに切って煮物に、細切りはきんぴらやサラダにと、和洋さまざまな料理で楽しみたい。

「鮮度のいいうちに味わってほしい」と話す小田巻さん。茶の補完作物としてゴボウを作る人が多い。

知っ得メモ

【選ぶ時のコツ】
香りや旨みは皮付近に多いのでできれば泥付きを選ぶ。特別な品種を除き十円玉程度の太さですらりと伸び、割れが無いもの。

【上手な保存法】
洗うと傷むため泥付きはそのまま湿らせた新聞紙にくるみ冷暗所に置き、乾燥する前に使い切る。

ここで買えます
JA静岡市じまん市各店

豚肉と煮る肉ゴボウ、ゴボウだけの炊き込みご飯もお薦め。皮付近に旨みがあるので洗う時はスポンジで軽くこする程度に。

松野は歴史ある本山茶の産地。手前のゴボウ畑の隣には、手入れの行き届いた茶畑が広がる。

【そこにしかない食文化】

しずおか在来作物で地域の魅力、再発見

全国的にも多い静岡市の在来作物

「井川おらんど」「やまからっきょう」「かつぶし芋」…聞き慣れないこれらの名前はすべて「しずおか在来作物」。その土地で古くから食べ継がれ、近代的な品種改良がされる前の作物のことで、今この在来作物が注目を集めている。

世代を超えて受け継がれてきた在来作物は、県内で230種以上が確認されている。静岡県における研究の第一人者、静岡大学大学院の稲垣栄洋教授は、静岡市の在来作物の数は全国的にも群を抜いて多いのではないかと話す。現在把握しているだけで市内に100種類以上、そのうち井川地区が69、梅ケ島地区が20、市街地で12種類。こんなに多く存在するのは、南アルプスから温暖な沿岸部まで、静岡市が気候も地形もバリエーションに富んでいるからだ。わずかな標高差と風土の違いが色や形、味に微妙な違いを生むのも在来作物の特徴だという。

静岡市の在来作物。地域の伝統行事や食文化とも密接な関係を持つ「地域の宝」として見直されている。

価値を見直し、地域おこしに生かそう

最近注目が高まっている理由について、稲垣教授は「今は世界中の物が簡単に手に入る。だからこそ、その土地にしかない守り継がれてきたものが地域のアイデンティティーとして再評価されている。特に作物は分かり易く親しみ易いですから」と分析する。

元々在来作物は自家消費用に細々と作られてきたものが多い。地域の食文化や祭事との関わりが深く、現代人が忘れてしまった価値を思い起こさせる面もある。

「おじいちゃんが一粒一粒無駄にしないように種を蒔く。そこには効率良くやって、よりたくさん収穫するという発想は無いのです。昔ながらの手間をかけなければいけない。季節によって味が変わる。収穫量は不安定。そんなエリートではない〝在野に生きる個性派集団〟が在来作物なのです」。

「作物」としてだけでなく、その土地の「風土」や「文化」と一緒にブランド化しようという機運も高まっている。昨年秋、期間限定で開店した井川のオクシズレストランでは在来作物を使った料理が振る舞われ話題となった。厨房を任された料理人の吉村健哉さんは在来作物を「味が濃く、しかも味が一つではない」と表現する。「この作物を作りたい」と山間地に移り住む若い農家も現れ、街では関心を持つ料理人が増えた。

地域の食文化の一つとして在来作物を知ることは「効率化できない豊かさ」を私たちに教えてくれそうだ。

1

2

3

1.約50年ぶりに井川で復活させた焼畑。安倍川、大井川上流部はかつて全国有数の焼畑地帯だったが昭和30年代を最後に見なくなっていた。
2.徳川家康も好んだ「折戸なす」。
3.家康公の側室・お万の方の菩提寺、連永寺の「やまからっきょう」。
4.今もわずかに残る在来種の「麻機長れんこん」。細長く泥の深い所で根茎が太る。
5.穂先がネコの足形をした「ねこあし」は井川の粟類。
6.葉がショウガの葉に似ている「しょうがびえ」。

4

5

6

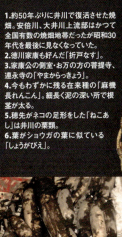

いちご strawberry

買える時期 1 2 3 4 5 6 7 8 9 10 11 12
11月～4月

待望の新品種、「きらぴ香」デビュー! 主力「紅ほっぺ」と 観光農園「章姫」も健在

静岡イチゴの始まりには諸説ある。「明治24年、清水区折戸の柴田孝太郎氏が新宿植物御苑(現新宿御苑)を視察した時に持ち帰った苗で石垣栽培を始めた」、「明治29年、久能山東照宮で働いていた川島常吉氏が久能山東照宮の宮司から苗を譲り受け、明治34年頃から栽培を始めた」、「明治35年、清水区増の萩原清作氏が、東京農業試験場から取り寄せた苗を育て始めた」、この辺りの説が有力だ。

いずれにしても明治30(1897)年前後に静岡市の石垣イチゴから始まったことは間違いない。1935～40年頃には全国にその名が知れ渡り1954年には東京市場のイチゴ取扱い量全体の9割近くを占めた静岡イチゴ。昭和初期の「福羽」から始まり、平成の「紅ほっぺ」「きらぴ香」まで。時代のニーズに合わせて主力品種は変遷しようとも、生産者の創意工夫とイチゴ栽培に適した気候や土壌がその発展を支えていることは昔も今も変わりない。

農家さん直伝レシピ イチゴのアイス

材料(作りやすい分量)
イチゴ300g、砂糖100g、生クリーム200cc、ビスケット7～8枚

作り方
❶イチゴはヘタを取って水洗いし、水気を切る。
❷ボウルに①と砂糖を入れ、少し形が残る程度まで手で潰す。フードプロセッサーを用いてもよい。
❸②に生クリームを加え、混ぜ合わせる。
❹厚さ2cmを目安にタッパー等の容器に③を入れ、ビスケットを沈ませ冷凍庫で固める。食べやすい大きさに切る。

	章姫	紅ほっぺ	きらぴ香
外観	朱色がかった赤。すっきりとした円錐形	濃い紅。ヘタの付け根から大きく盛り上がる	鮮やかな赤。キラキラ輝くつやがある円錐形
味わい	酸味が少なく、みずみずしい。上品な甘さがある	甘みを引き立てる適度な酸味があり、コクがある	かすかな酸味、品の良い甘み、フルーティーな香りがある
食感	とても柔らかい	しっかりした歯応えがある	みずみずしくなめらか
出荷時期	11月下旬～	11月末～	11月上旬～

知っ得メモ

【選ぶ時のコツ】
色、形などは品種によって違うので、品種の特性がよく出ているものを選ぶ。ヘタの側まで色づきが良く、ヘタが枯れていないものを。

【上手な保存法】
傷みやすく保存はできないので、なるべく早く食べ切る。残ってしまった場合は水気を拭いてラップで覆ってから冷蔵庫へ。

ここで買えます
JA静岡市じまん市各店、JAしみずアンテナショップきらり、産直プラザふれっぴー各店

1/2.今は石垣ではなくコンクリートが中心の石垣イチゴ。石の輻射熱でイチゴが甘く大きく育つ。
3.150号沿いに連なるビニールハウス。世界遺産・三保松原や久能山東照宮の参詣とセットで訪れる観光客も多い。

根強い人気! 観光農園と言えばコレ 「章《あき》姫《ひめ》」

大体10年で主力品種が入れ替わるイチゴにあって、20年以上も愛され続けているのが1985年に「久能早生」と「女峰」を交配し、民間育種家・萩原章弘氏が育成した「章姫」だ。

円錐形の実に朱色がかった赤。甘味が強く柔らかな食感に根強いファンが多く、有望な後継品種を奨励しても切り替えが進まなかったとの逸話を持つほどだ。

生育するにつれ順調に糖を蓄えるので完熟前でも十分甘く、満足感を感じてもらえるため、今も観光農園の主役。駿河湾に面した国道150号線通称「いちご海岸通り」では、12月から5月末まで50軒以上でイチゴ狩りが楽しめる。

1.静岡市内のBAR「OZ（オンス）」では「紅ほっぺのフローズンカクテル」（左）や「マティーニ」（右）が人気。地元産のフレッシュな果実が素材なので出張で来静した人をもてなすのにもピッタリ。中央は「静岡県産ミカンのジントニック」。**2.**直売所アグリロード美和では、紅ほっぺジャムを挟んだ「ほころぶっせ」が人気。1個110円。パッケージや名称は静岡デザイン専門学校の学生が担当した。

絶妙なバランスの甘みと酸味が人気の理由「紅ほっぺ」

歴史的にも品質的にも際立つ静岡イチゴだが、大規模な施設栽培が確立され、品種も乱立する昨今、市場評価や知名度に課題もあった。そんな状況を覆そうと2002年に静岡県が導入したのが「紅ほっぺ」だった。

「章姫」と「さちのか」の交配品種で、さわやかな強い香りがあり、果肉はジューシーで中まで真っ赤。おいしさへの評価は数字となって現れ、市場の月別平均価格で全国一位を獲得したりと静岡産の名声アップに実力を示している。静岡産イチゴの8割を占め、全国シェアも第5位。程よい酸味はスイーツにも合い、JA静岡市の直売所では紅ほっぺジャムが入ったブッセが好評だ。市内には「紅ほっぺ」を使ったドリンクが楽しめる店も登場するなど、地元でも愛されている。

今は試験販売中の「きらぴ香」。根本と先端の味の差があるので、ヘタ側から食べるのがおすすめ。4年後には静岡県産イチゴの8割を占めるとの予測もある。

宝石のように輝き、芳醇な味の「きらぴ香《か》」

「紅ほっぺ」に続く魅力的なイチゴをと、17年の歳月をかけて静岡県が開発、2014年冬にお披露目されたのが「きらぴ香」だ。「紅ほっぺ」に開花が早い系統、品質の良い系統などを複数交配し、クリスマス需要に間に合う11月上旬出荷を可能にした。

芳醇で甘やかな強い香り、キラキラと輝く美しい形。とろけるような食感と豊かな甘みも申し分ない。高級感あふれる新ブランド発表の場は、新品種農産物のデビューとしては異例の知事定例記者会見だった。栽培は静岡県内の生産者のみと希少性も高い。日本中から称賛の声が届く日も遠くはなさそうだ。

「きらぴ香」栽培に取り組む藤浪友章さん。「苗さえあれば全量きらぴ香に切り替えたい」とその味に惚れ込んでいる。

もっと知りたい人はこちらをCheck!
静岡いちご通信　検索
http://www.shizuoka-ichigo.jp/

どこで獲れる?
どんなお魚?

「しずまえ鮮魚」に注目!

駿河湾に面した静岡市ではしらすや桜えびをはじめ、浅瀬から深海まで多彩な魚が水揚げされる。そこで、この豊かな水産資源を「しずまえ鮮魚」と銘打って、新たなブランドに育てようという取り組みが始まっている。

「しずまえ鮮魚」って何!?

「しずまえ」とは静岡市の前浜の略で、清水区蒲原から駿河区石部の沿岸地域のことを指す。日本一深い駿河湾は、しらすや桜えびのほかに真鯛やさば、あじ、かますなど豊富な魚が獲れる漁場だが、知名度は今ひとつ。そこで前浜で獲れた魚を「しずまえ鮮魚」と名付け、PRしていく方針だ。

すし文化とともに世界に知られる「江戸前」のように、しずまえ鮮魚を目当てに人が集まり、しずまえの食文化が育ち、将来は観光資源の一つにしたいとの願いが込められている。

海の幸が豊富な「しずまえ」、ワサビやお茶など上質な山の幸が育つ「オクシズ」。山と海、両方の恵みが同時に楽しめるのは静岡市ならではだ。

ここで味わえる!!を発信

PRの第1弾として、静岡市は2014年10月に「第1回しずまえレシピコンクール」を開催。発表された太刀魚(タチウオ)料理5品はレシピを公開し、メニューに加えてくれる飲食店を募っている。また、同料理やしずまえ鮮魚を味わえる店を掲載する地図も作成中だ。

さらに、毎週水曜に市のFacebookで魚に関する記事も掲載。「まずは『しずまえ鮮魚』を知ってもらいたい」と水産漁港課の担当者。魚食離れが進み、切り身の魚が泳いでいると思っている子どももいる時代、若いファミリー層や子どもの心をつかみ、普段からたくさん食べてもらえるような取り組みも計画中だ。

しずまえ太刀魚オクシズ煮

本格中華のごちそうメニュー

揚げてから煮て、最後に片栗粉でとろみをつけてふっくら仕上げたごちそうメニュー。花椒(ホワジャオ)の香りで一気に本格派に。

シェフ 柴田孝之さん

中国では太刀魚を帯魚(たいぎょ)と呼び、お馴染みの食材です。凝って見えますが意外に簡単に作れます。

produced by 萬福酒家
静岡市葵区常磐町1-1-3 グリフィンビル1階
☎054·272·8998

recipe

【材料】1人前分
太刀魚…200g、だし…540cc、醤油…大さじ4、サラダ油…少々、砂糖…大さじ3、みりん…大さじ3、ニンニク…1かけ、赤と緑のピーマン…各1／2個、花椒粉・料理酒・片栗粉・塩…適量

【作り方】❶太刀魚の内臓を取り除いて塩で洗い、食べやすい大きさに切ったら酒、塩、花椒粉で下味をつける。❷フライパンに油を入れて熱し、①に片栗粉をまぶして両面焼く。❸油を捨ててからニンニクを炒め、だし、砂糖、しょうゆ、花椒粉で味を調え②を煮る。❹最後に水溶き片栗粉でとろみをつける。

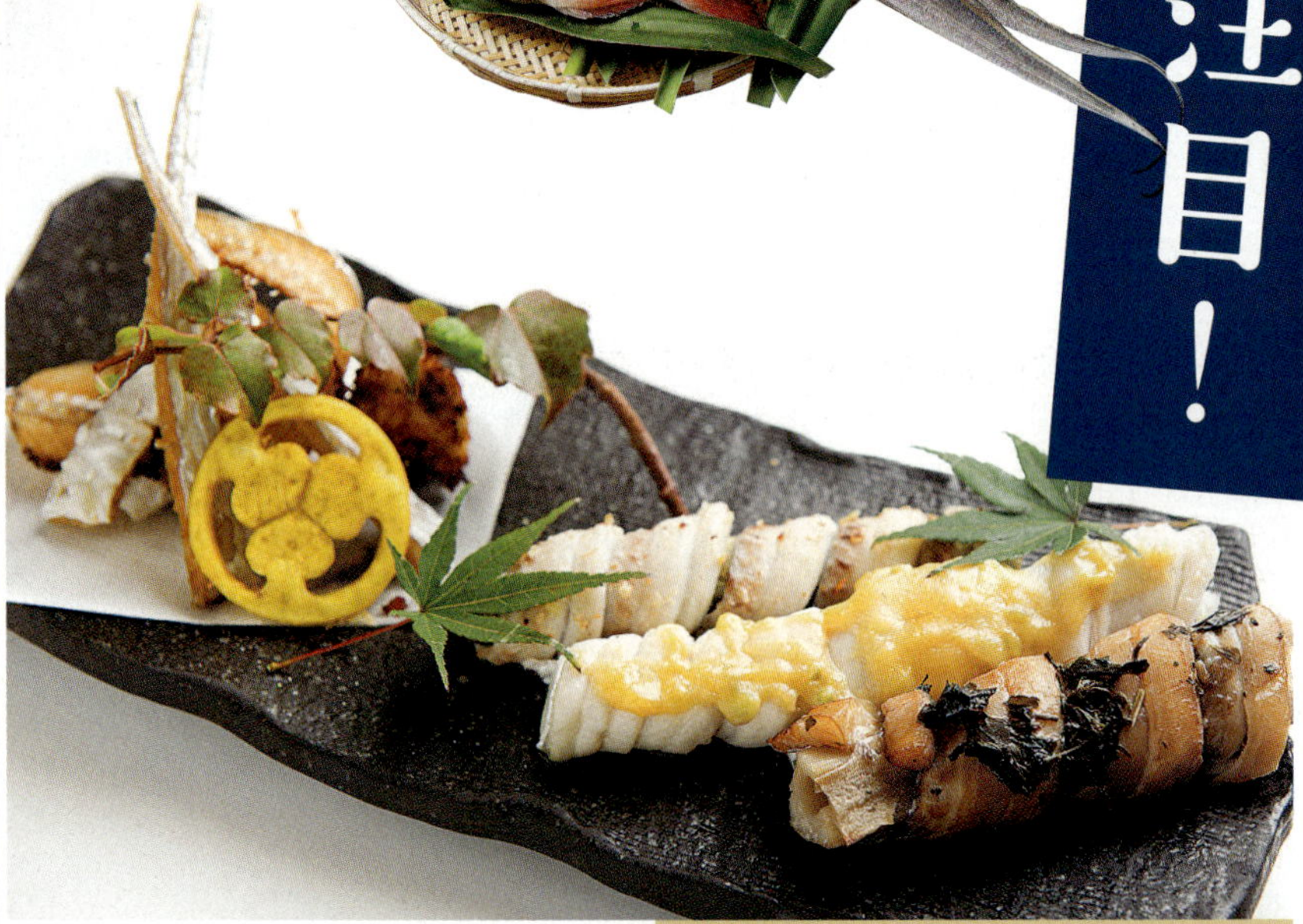

太刀魚駿河焼

これぞ静岡!の味わい満載

長めに切ったあさはた蓮根、太ネギ、ナスを太刀魚で巻いたインパクトのある一品。中骨は揚げせんべいに。

シェフ 早川亮介さん

太刀魚は焼き過ぎず野菜は食感を残すのがコツです。桜えび、ワサビ漬け、お茶、野菜すべて静岡市産です。

produced by 茄子の花　無庵
静岡市葵区昭和町1-4　☎054·273·8855

recipe

【材料】1人前分
太刀魚…1／2匹、ナス…1／4本、レンコン…細く切ったもの1本、太ネギ…1／3本、お茶の葉…少々
〈ワサビみそ田楽〉　西京みそ…50g、ワサビ漬…20g
〈桜えび塩〉　干し桜えび…10g、塩…30g
〈柚庵地〉　醤油・みりん・緑茶…各90cc

【作り方】❶太刀魚を3枚におろす(長さは片身1／3程度)。骨は捨てずにせんべいに揚げる(カマ・中落ちなど)。❷レンコンは甘煮にし、太ネギはカットしておく。❸ナスに太刀魚を巻き、桜えび塩で焼く。レンコンに太刀魚を巻き、柚庵地で焼く。太ネギに太刀魚を巻いて焼き、ワサビみそ田楽をかける。❹付け合わせに①のせんべいを添える。

しずまえ鮮魚・プチ図鑑

「しずまえ鮮魚」のほんの一部をご紹介します

真鯛　旬／3月

豊富な鯛類の中でも頂点に立つ真鯛は祝いの席に欠かせない。特に春の産卵期は脂がのり、桜鯛と呼ばれて珍重される。尾ひれのフチが黒いのが特徴。

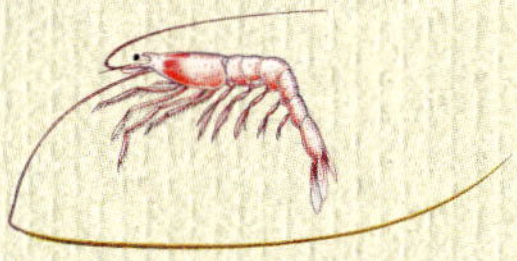

桜えび　旬／3~6月、10~12月

国内では駿河湾だけで水揚げされる。餌となるプランクトンが豊富な駿河湾産は甘みと旨みがあり、漁期は春と秋の年2回。旬の時期は地元産ならではの生食をぜひ。

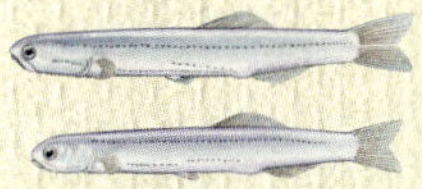

しらす　4~6月

まいわしやかたくちいわしの稚魚で、4月から漁が始まる。良質なプランクトンを食べて育つ市内産しらすはプリプリした食感で栄養も豊富。

あじ　旬／4~6月、9月

一年中獲れるが、夏から秋にかけて特においしい。由比倉沢の沖合いに根付いて丸々と育った倉沢あじは特に珍重され、地元でも幻のあじと呼ばれている。

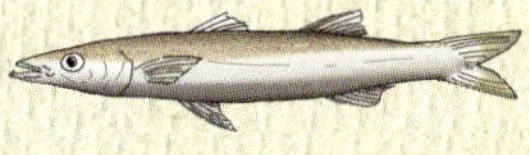

かます　旬／8~9月

さんまよりも早く秋の訪れを知らせる魚。「秋かますは嫁に食わすな」ということわざがあるほど、脂がのってくる秋がおいしい。用宗漁港では春も水揚げあり。

さば　旬／9月

寒さばが、脂のりが良くおいしい。脂に含まれるEPA（エイコサペンタエン酸）とDHA（ドコサヘキサエン酸）の量は青魚の中でもトップクラス。

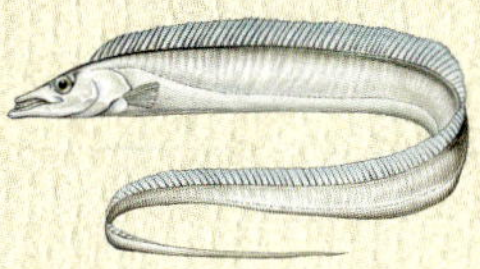

太刀魚　旬／10~11月

夏の終わりから秋にかけて旬を迎える。「太刀魚（タチウオ）」という名前の由来は、刀の刃のような銀色の形から。表面が美しく身が締まっているものがおいしい。

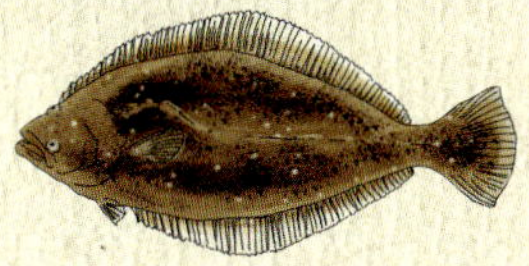

ひらめ　旬／1月

「左ひらめに右かれい」と言われるように、両目が頭部の左側半分に付いているのがひらめ。晩秋からおいしくなるが冬に脂がのり、身が締まってくる。

第1回しずまえレシピコンクールで

個性あふれる「太刀魚料理」誕生

数ある「しずまえ鮮魚」の中から、記念すべき第1回は太刀魚をテーマに市内の料理人がレシピを考案しました。
オクシズ食材も盛り込んで、静岡らしい料理が完成!
お店に食べに行くのもよし、家庭でも作って、しずまえの恵みを堪能してみませんか。

しずまえ太刀魚とまい茸のカツレツ

子どもも大好きなイタリアンに

淡泊な太刀魚も、モッツァレラを挟みパルミジャーノ入りのパン粉でさくっと揚げれば食べ応え満点のイタリアン。

シェフ 岩堀一博さん

キノコ類は何でもOK。魚が淡泊なので強めの味付けがお薦めです。骨がなく子どもも安心して食べられます。

produced by NEO TABLA Zappa
静岡市葵区鷹匠2-15-10　鷹二山梨ビル1階
☎054·253·5255

recipe

【材料】1人前分
太刀魚…120g、まい茸…1/4パック、モッツァレラチーズ…40g、オリーブ油…小さじ2、しょうゆ…小さじ1、卵…1個、パン粉・パルミジャーノ…4対1の割合で混ぜる、フルーツトマト…1個、春菊（葉の部分）…少々、ジャガイモ…1個、(A)牛乳・生クリーム・塩コショウ…適量　ワインビネガーオイル…適量
ニンニク…適量

【作り方】❶太刀魚を3枚におろし、炒めたまい茸とチーズを挟んでパン粉を付ける。❷①を中火で焼き、両面に焼き色がついたら180度のオーブンで5分加熱する。❸皮をむいたジャガイモを串が通る程度に塩ゆでし、水気を切った後、(A)を加えてマッシュポテトにする。❹湯むきしたトマトを切り、ちぎった春菊、ニンニクのみじん切り、ワインビネガーオイル、塩コショウを混ぜて②にかける。

しずまえ太刀魚の1本めし

海と山の幸で四季を表現

緑茶入りのだしで炊いた1本と、青ミカンが香るご飯にオクシズの幸を合わせた1本。魚とご飯が離れないようにギュッと締めるのがコツだ。

シェフ 市川岩生さん

白い棒寿司は太刀魚の皮目に細かく包丁を入れること、緑の棒寿司は太刀魚を焼きすぎないことがポイントです。

produced by 食彩 岩生
静岡市葵区常磐町1-2-1 フレンド久喜ビル1階
☎054·252·3200

recipe

【材料】1本分（2～3人前）
〈白〉太刀魚…1／2匹、青ミカン…2個（青ミカンがなく酸味が足りない場合は酢を追加)、タケノコ…1／2本、春菊…1／2束、どんこ（干し）…2個、昆布（20×15cm）…2枚、すし飯…1合強
〈緑〉太刀魚…1／2匹、むかご…50g、抹茶…適量、お茶の葉…15g、調味料液A（かつおだし…540cc、薄口醤油…20cc)、白飯（米2.5合、もち米0.5合、アワ20gを混ぜて炊く）

【作り方】〈白〉❶だしで炊いたご飯に、青ミカン果汁を入れてすし飯にする。❷おろした太刀魚を昆布〆めにし、皮目に包丁を入れる。❸甘煮にしたどんこ、さっとゆでた春菊、だしで炊いたタケノコを細かく切り、①に混ぜる。❹ご飯に太刀魚をのせて棒状に締める。　〈緑〉❶お茶入りのだしで白飯を炊く。❷塩蒸ししたむかごと、色付け用の抹茶をご飯に混ぜる。❸太刀魚は調味液Aをつけながら焼く。❹ご飯に太刀魚をのせて棒状にギュッと締める。

しずまえ仲良し丼

太刀魚のおいしさ3通り

しらすや桜えびも加え、しずまえ鮮魚の人気者を彩りの良い丼に。太刀魚は焼き、たたき風、刺身と、3種類のおいしさが味わえる。

シェフ 山崎佯子さん

ご家庭でも簡単に作れるレシピを考えました。太刀魚は火を入れると柔らかくなるので年配の方にもお薦めです。

produced by 鮨処 やましち
静岡市清水区蒲原3-3-10
☎054·388·2263

recipe

【材料】1人前分
太刀魚…片身、生しらす・桜えび・シイタケ・大葉…好みの量、ネギ・生姜・ゴマ…適量、すし飯…0.7合、醤油…適量、油…少々

【作り方】❶焼き、たたき風、刺身用に太刀魚を3等分する。❷焼き用は、シイタケと一緒に食べやすい大きさに切って下味をつけ、油をひいたフライパンで焼く。❸たたき風は細かく切り、ネギ、生姜、醤油で和えて、刺身用は薄く切る。❹器に盛った寿し飯にゴマを振り、①②③と生しらす、桜えび、シイタケ、大葉を順番に盛り付ける。

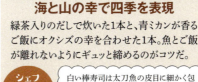

おいしい
地元産を
買うなら…

漁協直売所へ出かけよう！

夜間に行われる桜エビ漁

由比港漁業協同組合

由比港漁協直売所

静岡市清水区由比今宿字浜1127
☎054・377・1111　8:00～17:00
月曜、祝日の翌日、盆・年末年始休み

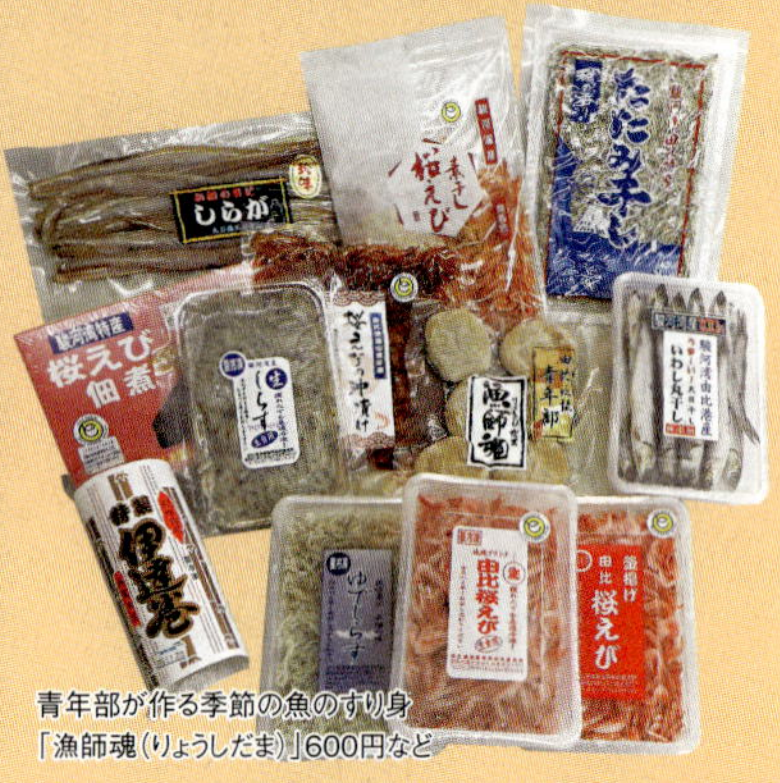
青年部が作る季節の魚のすり身
「漁師魂（りょうしだま）」600円など

由比港の風景にも癒やされる

「宵獲《よいど》れ桜えび」など豊富な品揃え

由比の桜えび漁は日本一の水揚げを誇り、その歴史は100年以上。資源保護のため、漁期は春が3月中旬～6月初旬、秋は10月下旬～12月下旬のみ。さらに、出漁は天候がよく風や波がない夜に限られるので実際に漁に出るのは年間1カ月～1カ月半だけだという。直売所に前夜揚がった「宵獲れ桜えび」が並ぶと、あっという間に完売するのも納得だ。ただ漁協担当者の話では、「生を好む人が多いですが、夕食時まで置いて食べるなら、とれたてを急速冷凍した桜えびの方が鮮度がいい」そうなので急がなくても大丈夫。直売所では、生桜えびのほか、釜揚げ、素干し、漁師が漬けた沖付け、塩辛など豊富な品揃え。しらす漁も盛んなので、釜揚げやたたみいわし、前浜で水揚げされた魚の加工品なども買える。

イベント情報

●由比桜えびまつり
毎年5月3日開催。約6万人が訪れる由比の一大イベント。生桜えび・生しらすの振る舞いや倉沢定置網で獲れた鮮魚を特別価格で買える。

●由比港浜の市
年4回開催。桜えびや生しらす、鮮魚、地場産品のほか、漁協青年部手作りの加工品も販売。海上から富士山を眺められる乗船体験も。

●漁協の料理教室
漁協で和洋中の桜えび料理を学ぶ。漁期中は獲れたて素材の提供や踊り食いを堪能できるなどのサプライズも。日程はHPで（有料・事前申込み制）。

■問い合わせ先　☎054-376-0001

天気がいい日は
特設席へ

浜のかきあげや

大きなかき揚げはカリッと風味満点

漁期の週末ともなれば県内外から多くの人が訪れ、開店直後から大賑わい。テラス席のほか海沿いにもテーブル席が設けられ、港の雰囲気を堪能しながら食事できる。

看板メニューのかき揚げは、つなぎの粉を極力減らして揚げるため、丸ごと桜えびのような風味あふれる1枚。単品のほか丼やそば、うどん、定食のセットなどでぜひ味わって。冬期の土日限定10食の生桜えびと豆腐、ネギをすき焼き風に煮込んだ「沖あがり」や、平日限定の太刀魚と黒ぐちのすり身で作った「漁師魂のフライ」1串300円、ドーナツなど、桜えび尽くしのメニューがある。

静岡市清水区由比今宿字浜1127
☎054・376・0001　10:00～15:00
月曜、祝日の翌日、盆・年末年始休み
（休漁期間は金・土・日曜のみ営業）

「漁師の沖漬け丼セット」1000円

由比の郷土料理「沖あがり」250円

由比の幸がコラボ「由比どんぶり」750円

かき揚げが2枚のる
「かきあげ丼」750円

清水漁業協同組合

清水漁協用宗支所直売所

静岡市駿河区用宗2-18-1
☎054・256・6077
9:00～16:45(土日・祝日は15時まで)、無休(盆、正月休み)

次々と水揚げされたシラス

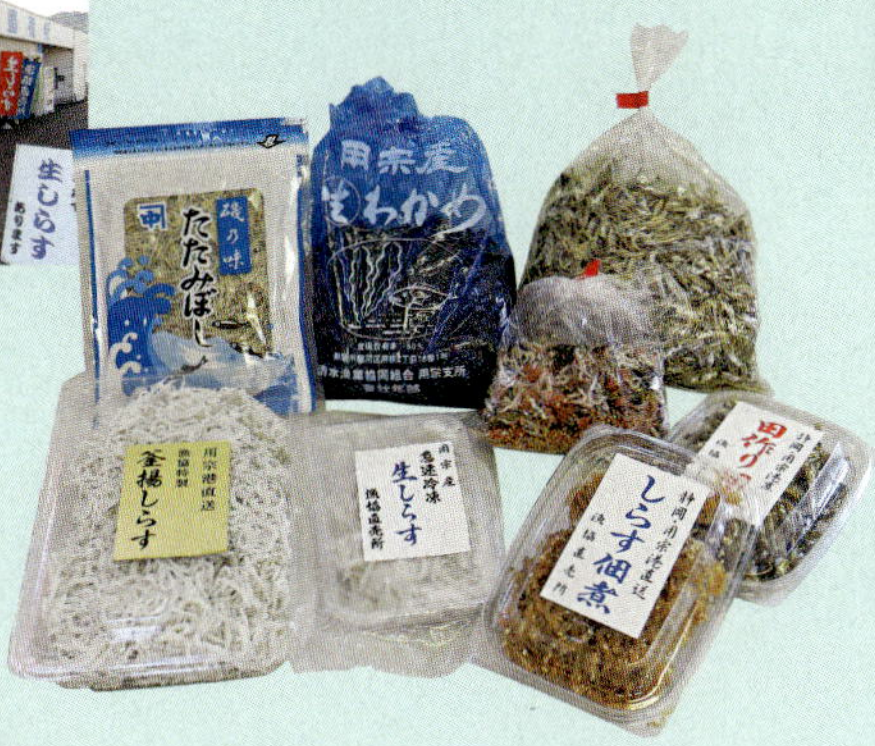

「用宗わかめ」は味噌汁のほか、刺身にも美味(600円)

「あげはん」は各種練り製品を詰め合わせた冬期限定(450円)

漁場から直結！ここでは鮮度抜群のしらすを

獲れたてのしらすは透明感があって、ぷりっとした食感が絶品！ 用宗といえば県内有数のしらす水揚げ港として知られ、漁期は3月下旬～翌1月中旬頃まで。港から30分程度の漁場で2隻で網を引き、しらすはすぐに運搬船で港に運ばれる。その場でどんどん競り落とされ、すぐさま仲買人から加工業者や漁協の手に渡る。このスピーディーさが用宗でおいしいしらすが手に入る理由だ。

港に直結した直売所では生しらすのほか釜揚げ、ちりめん、佃煮などが並ぶ。また春先に収穫し、初夏頃まで買える「用宗わかめ」は、そのやわらかさと豊かな風味に、極上品との評判も高い(売り切れ次第終了)。走りの時期だけの茎は、マヨネーズで食べてもおいしく、楽しみにしている人が多い。

イベント情報

●用宗漁港まつり
4月の最終日曜開催。生しらすや生しらす丼の直売、釜揚げの試食、模擬競りや乗船体験など。前夜祭も開催。

●用宗港なぎさ市
毎月第4日曜開催。漁港に水揚げされた海産物や、地元で収穫された農産物などを販売。

問い合わせ先　☎054-259-2111

どんぶりハウス

静岡市駿河区用宗2-18-1　☎054・256・6077(直売所と同じ)
11:00～14:00　禁漁期の木曜と荒天時休み

出漁日には「生しらす丼」を味わって

用宗産しらすのおいしさを存分に味わってもらおうと漁協が営業する屋外の食事処。港の景色を眺めながらいただくのは、鮮度の良さを堪能できる「生しらす丼」や、ふわっとした食感と適度な塩気にご飯が進む「釜揚げしらす丼」。ほかにマグロの漬けやネギトロ、しらすとマグロの両方をのせた丼など全7品が味噌汁付きでこの値段。「生しらす丼」は出漁日限定なので、確実に食べたい人は問い合わせてからお出かけを。

しらすがプリプリ！「生しらす丼」600円

「用宗丼B」はマグロ漬けと釜揚げしらすの2色丼800円

ワンコインがうれしい「釜揚げしらす丼」500円

漁協食堂 はまや

静岡市清水区島崎町149 河岸の市まぐろ館1階
☎054・351・3003　10:30～14:30　水曜休み

「あじわい刺身定食」1100円(刺身の種類・量は日替り)

「しずまえ丼」850円(小鉢・お吸物付き)

店内で買える加工品各種

地魚を盛り込んだ「しずまえ丼」登場

「河岸の市」の中にある漁協直営の食堂。人気はとれたての生しらすや釜揚げしらすを使った丼や定食、地魚が味わえる刺身定食、海鮮丼など。手作りにこだわり、定食には桜えびのかき揚げや小鉢、しらす入りのお吸物が付く。しずまえ鮮魚が入った時だけ登場する「しずまえ丼」は太刀魚やいなだ、鯛、しらす、桜えびなど日によって内容が替わるイチ押しの丼だ。

おいしい地元産が楽しみ

旬がおいしいレストラン

静岡市の食材を、プロの手によるおいしい料理で味わいたい!! そんな時にお薦めの店をご紹介。気になるお店に出かけてみませんか？

「静岡そだちと赤ワインのパスタ ガルガネッリ」1500円。じっくり煮込んだ銘柄牛「静岡そだち」と根菜の甘みが力強いハーモニーを奏でる。ディナー時の単品料理

ダ・イケダ ペル Pコック

おいしい食材を追求したら しずおか産にたどり着いた!

「静岡は食材のポテンシャルが高いですよね！ 特に地元産にこだわるつもりはなかったのですが、『おいしくて質の高いもの』を探していったら自然に地元産が中心になって」と話すオーナーシェフの池田光寿さん。先代から続く洋食店を、イタリア料理中心のトラットリアにリニューアルして6年目。現在は食材のほぼ9割が地元しずおか産だ。

野菜は地元清水の農家直送のものと、富士宮などの高原野菜をたっぷりと。由比漁港にも週1で通い、最もおいしい旬を逃さず美しいひと皿に仕上げる。手打ちパスタも選べるランチは1780円～、ディナーは月替わりで4400円。

「富士朝霧高原豚　骨付きロース肉のグリル」2300円。骨付きならではの旨味が持ち味。ディナー時の単品料理。グリル野菜は塩コショウ味でシンプルに。手前は清水産ヤーコンの自家製ジャム

地元食材 MENU

- 春「松崎産桜の葉で包んで蒸し焼きにした仔羊ロースト」2500円
- 夏「天竜鮎の8時間コンフィ サラダ仕立て」1400円
- 秋「両河内産の栗と雑穀米を詰めたウズラのロースト」2000円
- 冬「静岡そだちすね肉の赤ワイン煮込み」2500円

通年メニュー｜「県内産豚のドライカレー」1100円
「県内産野菜のバーニャカウダ」1200円

住／静岡市清水区有東坂1-224-272
☎／054･346･4434
営／11:30～14:00、18:00～21:30LO
休／火曜、第3月曜の夜
P／9台
席／テ26席

シェフの池田光寿さん

Osteria Il Castagno《オステリア イル カスターニョ》

イタリア郷土料理をお手本に 地元しずおかの厳選食材で

「アサリと焼津ヤリイカのカラマーリ」「麻機蓮根と清水小河内の鹿肉のラグーソース」各1728円

イタリアで料理修業を重ねたオーナーシェフの稲見謙司さん。

元々イタリア料理は各地の郷土色が豊かで、地元の恵みを生かすことが得意。開店から10年が経ち、稲見シェフも地元の生産者や他の飲食店のオーナーとのつながりをどんどん広げ、静岡市内だけでなく県産のさまざまな厳選食材を使う。ランチのミニコース（1944円）や、夜のアラカルトやディナーコース（5400円・要予約）のいずれでも楽しめる。

手打ちパスタや自家製パン、ジェラートなど、すべて手作りで、メニューは食材に合わせて日替わり。由比の地魚も週に一度仕入れる。馴染みの素材を華麗なひと皿に変える技は見事だ。

「大谷高津さんの平飼い卵のブディーノ」864円。御殿場天野醤油のカラメルソースが豊かなコクを与える

シェフの稲見謙司さん

地元食材 *MENU*

- 春 「山菜やタケノコのフリット」など
- 夏 「野菜の冷たいスープ」など
- 秋 「椎茸とチーズのペーストを包んだパスタラビオリ」など
- 冬 「パスタソースの鹿・イノシシのラグー」など

住／静岡市葵区巴町48
☎／054·247·0709
営／11:45〜14:45(14:00LO)
18:00〜22:30(21:00LO)
休／月曜、第3火曜
P／4台
席／カ5席、テ4席、座8席

「清水養鶏場の美黄卵を使ったふわふわオムライス」。前菜、メイン、デザート、ドリンクがセットになったランチ1650円のメイン。オムライスの場合、パンが付かないため100円引きに

Restaurant C'est la vie《セ・ラ・ヴィ》

美黄卵のコクがたっぷり 人気の定番「ふわふわオムライス」

素敵な外観が目を引く一軒家のフレンチレストラン。開店当初からの定番メニューが清水養鶏場の「美黄卵」を使ったオムライスだ。プリフィクススタイルの「ランチコース」の一皿として、一日限定5食だけの提供。一皿に卵を3個たっぷり使い、ソースはケチャップだけというシンプル仕上げ。「卵そのものが良質でコクもあるので、それを生かしています」とオーナーシェフは太鼓判を押す。夜のおまかせコース（4000円〜）には、肉質に定評があるTEA豚や富士山岡村牛なども登場。席数に限りがあるため、なるべく予約をして出かけたい。

「北川牧場TEA豚の肩ロースグリル」は夜の4000円コースのメイン。臭みのないクリアな旨味が特徴。無農薬の季節野菜はそれぞれの長所を引き出す調理法で盛り合わせる

シェフの鈴木啓介さん

地元食材 *MENU*

通年メニュー
- 「美黄卵を使ったオムライス」ランチ1650円のコース
- 「北川牧場TEA豚のメニュー」ディナーコース4000円の一部
- 「富士山岡村牛のメニュー」ディナーコース4000円の一部に700円プラス

住／静岡市駿河区馬渕4-10-6
☎／054·287·8115
営／11:30〜14:00
18:00〜22:00(21:00LO)
休／水曜、第3火曜
P／昼8台　夜4台
席／カ3席、テ16席

駿府の肉処 静岡そだち

一頭仕入れの銘柄牛を
静岡の銘酒や旬の味覚と

日替わり稀少部位の「リブ芯」3200円。きめ細やかなサシは胃にもたれないと焼肉通にも好評。「金豚王 豚バラ」480円

静岡市の街中、江川町交差点の北東角にあるビル2階。静岡県産の特選和牛「静岡そだち」と県内産ブランド豚「金豚王」を味わえるJA静岡経済連直営の焼肉レストラン。飼料にこだわって育てた「静岡そだち」は、サシがきめ細やかで脂身がさっぱり。肉の味がしっかりしているので茎の醤油づけが混ぜてある特製ワサビや塩で、肉本来のうま味を堪能しよう。「焦がしネギの塩ロース」や、「霜降り肉のバジルバター焼き」など創作メニューもお薦め。ミスジやカイノミ、リブ芯など、稀少な部位が日替わりで登場するのは「一頭丸ごと仕入れ」ならではだ。

「アメーラトマトと緑黄色野菜のチーズサラダ」750円。県内産野菜のサラダだ

店長の田宮裕介さん

地元食材 *MENU*

- 春 「葉しょうが巻」500円、「ブルーベリーアイス」500円
- 夏 「シャーベットボール」500円
- 秋 「新高梨のコンポート」500円
- 冬 「県産果実の杏仁」550円、「かき氷」450円

住／静岡市葵区追手町2-15
MRK追手町2F
☎／054･251･4129
営／11:30～14:00(13:30LO)
17:00～23:00(22:00LO)
休／第3水曜　P／なし
席／カ6席、テ26席、個1室(2～8名)
座26席

焼肉は自家製だれ、ブレンド塩、特製ワサビで味わって

すし･魚処 のへそ

地魚と地野菜、地酒が手頃
大人に人気のエキチカ居酒屋

「地魚・静岡物コース」の地魚お造り盛合せと地物サラダ。用宗しらす、焼津カツオ、由比の地あじ、焼津キハダマグロなど地魚がたっぷり。サラダは焼津ジルマイカのワタバター炒めのシーザーサラダ

静岡駅南口にある、ランチは連日行列ができる店。店内には由比の倉沢あじはもちろん、大間のマグロや関サバなど、他県のブランド魚のラベルも所狭しと貼られている。「各地の魚市場から直買いするのでお手頃に提供できるんです」と安さの理由を明かす店主。野菜料理にもアメーラトマトや有東木産ワサビ、あさはた蓮根など地元産が目白押し。「地魚・静岡物コース」(3900円～・要予約)なら、地魚を盛り込んだ刺身盛合わせなど、これぞ静岡の味を堪能できる。料理と相性抜群の地酒も豊富なので、接待にもお薦めだ。

「清水折戸なすの揚げ出し」800円、「麻機れんこんと太刀魚の明太子はさみ揚げ」650円。地物コースに登場することも

店主の櫻井俊一さん

地元食材 *MENU*

- 秋 冬 「清水折戸なすの揚げ出し」800円、「麻機れんこんフライ」550円
- 通年メニュー 「アメーラトマトのスライス」650円、「和牛静岡そだちの串焼き」450円
「自家製黒はんぺん焼(2枚)」500円

住／静岡市駿河区南町1-2
小泉ビル1F
☎／054･260･7728
営／11:30～13:30、17:30～22:00
休／不定休
P／なし
席／カ8席、テ2席、掘24席

遊心《ゆうじん》

割烹のようなひと皿に静岡の恵みが花咲く

「居酒屋以上、割烹未満」をモットーに、価格以上の満足度を届けたいと語る店主の杉田雄二さん。

JAじまん市で自ら選んでくる旬野菜のほか、由比産の地魚、銘柄牛「静岡そだち」など、静岡ならではの素材をふんだんに揃えている。料理に合わせて京野菜など県外産を使うこともあるが、地元出身だからこそなるべく旬のおいしさを大切にしたいと語る。

銀杏しんじょうや鰹節をまぶした天ぷらなど、料理には細やかな技が隠されていて、食べた時に小さな感動を届けてくれるはず。静岡おでんやモツ煮などの「しぞーかB級グルメ」もあるので県外客のもてなしにも好評だ。

「銀杏しんじょうと麻機れんこんと黒はんぺんの焼津揚げ」920円。翡翠のような清水産銀杏と白身魚で作った自家製しんじょうに地ゴボウの天ぷら、蓮根、黒はんぺんの鰹節揚げを合わせて

「富士宮紅富士と折戸なすの蓮根饅頭」920円。鱒のムニエルに折戸なす、あさはた蓮根饅頭を重ねた手の込んだ秋の一皿。オイスター風味の照焼きソースも後を引くおいしさ

店主の杉田雄二さん

地元食材 MENU	
春	「筍の土佐煮」810円、「桜えびかき揚げ」1060円
夏	「とうもろこし天ぷら」810円、「アメーラトマト」700円
秋	「銀杏しんじょう」920円、「折戸なす揚げ出し」650円
冬	「麻機れんこん焼津揚げ」700円、「海老芋田楽」700円

住／静岡市葵区常磐町2-6-6 モアクレスト1F
☎／054･221･8828
営／17:30～23:00(22:30LO)
休／月曜、第3火曜
P／なし
席／カ6席、テ14席、掘20席
個／個4室(7～22名)

手打ち蕎麦 たがた

「静岡在来蕎麦・十割」1000円は野趣あふれる味わい。だしには枕崎産本枯節と羅臼昆布天然物を使用

「静岡在来蕎麦」を全国へアピール! 酒肴も充実、食通が集う店

「蕎麦は奥が深くて喋り始めると止まらない」と笑う店主の田形治さんは、今や静岡在来蕎麦の代名詞とも言える人。会社員時代からの蕎麦好きが高じて店を開いたのが10年前。ライフワークとして全国の蕎麦産地を訪ねる中、有名なブランド蕎麦に負けない個性的な在来種が静岡市の山間地で守り継がれてきた事を知った。以来、研究者などと一緒にブランド化に奔走している。

店で提供する「静岡在来蕎麦」1000円は特有の甘みと香りを引き出すため中粗に自家製粉。他にも店主が惚れ込んだ産地の蕎麦が味わえる。夏は井川の落花生や梅ヶ島の芋など在来野菜の酒肴が他の季節より多く登場する。

酒のアテにお薦めの「天ぬき」880円(「天ぬき」とは「天ぷら蕎麦」の蕎麦抜きのこと)

旬の味覚を少しずつ盛り込む月替わりの「蕎麦会席コース」3900円

店主の田形治さん

地元食材 MENU	
春	「そばがきの静岡新海苔出汁あんかけ」700円
夏	「井川在来きゅうりと井川味噌」400円
	「藁科川天然鮎の天ぷら」500円(入荷次第)
秋	「折戸茄子のお刺身にチーズと井川日本蜜蜂掛け」500円
冬	「本山自然薯の梅ケ島山葵和え」500円
通年メニュー	「静岡在来蕎麦・十割」1000円～(時々)

住／静岡市葵区常磐町2-6-7
☎／054･250･8555
営／11:30～13:30、17:30～22:00
※蕎麦が終わり次第閉店
休／月曜、第1日曜、不定休あり
P／2台
席／カ4席、掘38席、個1室(～6名)

漁師料理 鐘栄丸《しょうえいまる》

由比の定置網にかかった朝獲れ鮮魚を定食で

店長の松下清明さん

国道1号線バイパス上り沿い、由比漁港の近くに2013年に開店。毎朝、由比の定置網にかかる地魚を仕入れ、刺身や丼、定食で食べさせてくれる。

桜えびのかき揚げで有名な蕎麦店「鐘庵」の直営店で、由比漁港との付き合いも長いことから、倉沢あじや桜えびなど静岡らしさ満点のブランド魚介もリーズナブルに食べられるのがうれしい。「せっかく清水港に揚がるのだから地元でぜひ消費してほしい」と、稀少な天然本マグロも水産会社から大量買い付け。丼や定食に惜しげもなく使う。定食につく桜えびの厚焼き玉子やマグロのカマ煮物などもすべて自家製。

「倉沢アジ丼」1404円、
「倉沢アジフライ定食」1296円

「鐘栄丸定食」1944円。天然本マグロ、桜えび、しらす、倉沢あじなど地魚中心6種の刺身盛り定食。この日は定置網の太刀魚と鯛が登場。桜えびの厚焼き玉子、小鉢、味噌汁、ご飯付き

「桜えびのかき揚げ」432円。独自の踊り揚げ製法だから、衣が少なくカリカリ！ 平日ランチ時には「かき揚げ＋フライ定食」が918円

地元食材 *MENU*

通年メニュー｜「倉沢アジ定食」1728円、「倉沢アジフライ定食」1296円
「桜えびかき揚げ丼」864円、「生桜海老」432円
「生しらす」432円　など

住／静岡市清水区由比67-19
☎／054·375·6130
営／11:00〜21:00
（平日ランチ11:00〜14:00）
休／水曜（祝日営業、翌日休み）
P／30台
席／座36席

茶楽蔵《ちゃらくら》withとんぺい

静岡市唯一のブランド豚をとんかつやソテーで手頃に

「TEA豚かつ膳」1550円はサラダ・ご飯・漬物・小鉢・コーヒー付き。終日注文できる

JR清水駅の傍にある、創業45年の日本料理ととんかつの専門店。

以前から県産豚を使ってきたが、2014年から静岡市唯一の養豚農家で清水産緑茶を飲んで育った北川牧場産「TEA豚」を仕入れている。「さらっとした軽い脂身の風味が、どんな調理法にも合う」と店主。とんかつ、ポークソテー、しょうが焼き、ガーリック焼きの4種類から選べるのがうれしい。中でもとんかつは自家製生パン粉と、ラード100％のカラッとした揚がり具合で、胃もたれしないと女性や年配客に評判だ。地元の旬食材をたっぷり味わえる「四季のコース」3000円～（要予約）もお薦め。

「駒豆塩ゆで」350円、「地元野菜の朴葉焼き」四季のコース（3000円～）の中の焼き物。「清水みかんワイン」は食前酒として味わって

店主の伊東義浩さん

地元食材 *MENU*

夏「駒豆塩ゆで」350円、「折戸ナス田楽」400円
秋「清水ぎんなん」600円
冬「麻機蓮根まんじゅう」600円

通年メニュー｜「TEA豚のとんかつ」「同しょうが焼き」など1550円

住／静岡市清水区小芝町3-46
☎／054·366·2879
営／11:00〜21:00
（ランチ11:00〜14:00）
休／火曜　P／14台
席／カ8席　テ20席
2階大広間40席、個1室（～12名）、3階座敷25席

セットドリンクに「しみずの和紅茶」はいかが。渋みが少なくほのかな甘み。直売所で購入できる

地元の実り 四季菜《しきさい》

清水の食の豊かさを気軽に堪能 ファミリーもうれしいイタリアン

JAしみずが100％出資するJAしみずサービス直営のレストラン。料理は、国産米粉のもっちりした食感が人気のピザやパスタなど、イタリアンが中心。「食材はすべて国産。その中でも季節に合わせてなるべく清水区産を、なければ県内産を使うように心がけています」と店長の櫻井郁也さん。トマトソースは作り置きせず、旬の生トマトから丁寧に作っている。

フレッシュな味わいは、様々なメニューのベースとして店の味を支えている。食後は地元農家から直接持ち込まれる野菜が並ぶ直売所「清水野菜村」へ。鮮度抜群のお土産探しもお楽しみのひとつだ。

「あつあつ揚げナス＆クリーミーチーズのトマトソース」。ランチはミニサラダ・デザート・飲み物付きで1200円。夜は単品で980円。生トマト使用のソースならではのさわやかな味

「ピッツァジェノベーゼ」ランチセット1200円。ルッコラは清水産を使用。2種のベーコンとチーズのコク、米粉ならではのサックリした生地が美味

店長の櫻井郁也さん

地元食材 *MENU*

通年メニュー
- 「しらすと桜えびのガーリックピザセット」1200円
- 「静岡そだちのステーキ」2980円（夜のみ）
- 「TEA豚のソテー」1480円（夜のみ）
- 「農家さんの野菜とベーコンのピザ」980円（夜のみ）など

住／静岡市清水区北脇250-1
☎／054･346･2501
営／11:00～14:00
17:00～21:00(20:30LO)
休／月・火・水曜の夜
（10名以上の団体客予約のみ営業）
P／30台
席／テ52席

「いちごのタルト」1カット597円。通年メニューだが静岡産イチゴは12～4月頃。夏場は長野など高冷地の小粒を使う。甘さ控えめのクリームがイチゴの酸味と甘みを引き立てる

quatre epice《キャトルエピス》 静岡店

農家直送のフルーツが宝石のようなスイーツに変身

毎年12～4月頃まで、できる限り市内産または県産素材で作る「いちごのタルト」は人気の定番商品。シンプルなカスタードクリームとタルトに合わせて、旬の味わいを大切にしている。「素材が良いものを選んでいるので、プラスαでおいしさを引き立てるレシピを常に考えています」と教えてくれたのはチーフパティシエの宮城島ゆうこさん。

身近な食材もスイーツになると、より一層その輝きを増すもの。生産農家の思いをお客様にダイレクトに伝えたいと、イチゴのみならず県産ミカンや清水産のお茶、森町産トウモロコシなど生産者を直接訪ねてはレシピの開発を重ねている。

地元食材を使ったジェラートも好評。「青島みかん」309円、「大村屋酒造場 酒粕」360円、桜葉の香りがする「清水まちこのお茶」309円。酒粕は秋冬限定。持ち帰りや発送も可

宮城島さんと石上さん

地元食材 *MENU*

- 春 「谷口さん畑の葉しょうがのシフォンケーキ」494円
- 夏 「倉沢びわのコンポート」1550円
- 「森町朝どりトウモロコシのプリン」360円
- 冬 「いちごのタルト」（紅ほっぺ）597円

通年メニュー｜地元食材を使ったジェラート各種各309円

住／静岡市清水区天神2-6-4
☎／054･371･5020
営／10:30～19:00
（カフェLO18:30）
休／不定休
P／30台
席／テーブル40席、テラス10席

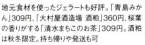

しずおか花物語

ふと目線をやったその先に、かわいらしい花がある。ただそれだけで心がほっとして、温かい気持ちになりませんか。静岡市は花づくりも盛んな地。暮らしに上手に取り入れて、彩りを楽しみましょう。

薔薇 Rose

華やかな花姿が魅力の大輪系

静岡市で作られる花で全国トップクラスの実力派がバラ。茎1本に花が1つ咲く「スタンダード品種」と、小さめの花がたくさんつく「スプレー品種」があり、市内では両方生産され、高い技術と伝統が受け継がれている。

開くにつれ優美な花が大きく咲き誇るスタンダードの大輪を手がけるJA静岡市の静岡市バラ生産組合。「濃いピンクが欲しい」という声に応え、2014年に「ピンクレディブル」を新たに導入するなど、細やかな対応に市場の信頼も厚い。生産者の榎本秀一さんは「バラらしい剣弁咲きに加え、最近は芍薬のようなカップ咲きも人気。常に消費者の好みを意識しています」と話した。

《問い合わせ》JA静岡市花卉センター
☎054・248・1713

1.カップ咲きの「コーラルハート」 2.昨年の新品種「ピンクレディブル」 3.「アートリーク」は個性的なロゼット咲き 4.「ゴールドラッシュ」はバラらしい高芯剣弁咲き 5.生産歴18年の榎本秀一さん。言葉の端々にバラへの愛情がこもる 6.9軒の生産者が約50品種を栽培。集荷場は女性が多くテキパキと選別・箱詰めされていく

可憐な小花がたっぷり スプレーバラ

一方、1970年代にミカンの転作でバラ作りが始まった清水区は、全国屈指の産地。年間約300万本を出荷するJAしみずバラ部会で最近力を入れているのがスプレーバラだ。安定した需要があり、清水では他産地と競合しないものをと、数年前に導入した。「値頃感もあり、スタンダードとは違った魅力がある」と生産者の服部至さん。つぼみから完全に開くまで表情が変わるのもバラならでは。その過程と優雅な香りも楽しんでほしい。

《問い合わせ》JAしみず集出荷センター
☎054・367・6111

1.上品なピンクがブライダルで人気のスプレーバラ「パリ」 2.一昨年導入した「レディーラブ」はアレンジメントや贈答用に 3.しみずバラ部会の部会長・服部至さん

バラをたっぷり楽しむ方法 ✲✲✲

●買う時のポイント

- 完全に開花してない咲き始めがおすすめ。
- 花びらがみずみずしく、傷がないものを選ぶ。
- 葉にツヤがありガクがピンとしてしおれていないものを選ぶ。

●家庭でバラを長く楽しむコツ

- 毎日水を替え、水は少なめに入れる。
- 水替え時に茎を1〜2㎝切る(切り口は斜め)。
- 直射日光が当たらず風通しのよい所に置く。エアコンの風も避ける。
- 水に浸かる部分に下葉を残さない。
- 枯れた花や葉はまめに取り除く。

トルコギキョウ　Prairie gentian

清楚、シック、艶やかなど バリエーションが魅力

一重、八重、フリンジなど、形や色が豊富なトルコギキョウ。キキョウと言ってもリンドウ科で原産地は北米。日本で品種改良が盛んに行われ、千種類以上が世に送り出されている。静岡は温暖な気候を生かした冬の産地。ＪＡ静岡市では生産者12軒で年間80〜90品種を手がける。母の日やブライダル、仏事にも人気だが出荷まで3〜6カ月かかるので、切れ目ない出荷のためにハウスごとに栽培暦をずらす。「土壌病害にかかりやすいので、いかに防ぐかが課題」と遠藤さん。勉強会に参加したり先輩から助言をもらったり、部会最若手の挑戦は続く。

《問い合わせ》ＪＡ静岡市花卉センター
☎054・248・1713

1.縁取りが華やかな「パステルブルー」。静岡市では1988年頃にトルコギキョウ栽培が始まった。11〜6月が出荷時期で地元では南部じまん市や生花店で買える　2.一見バラのように見える「クレアダブルピンク」　3.バラ咲きの「ミンクイエロー」　4.スプレーで吹き付けたような色合いの「かすみ」　5.収穫期のハウスでは約2万5千本が咲く。約４輪を残し脇芽を取り除く、仕立てを決める作業中の遠藤正樹さん

黄色の妖精が軽やかに踊る 可愛いらしいラン

オンシジウム　Oncidium

1.踊る女性の形からオンシジウムの花言葉は「一緒に踊って」。「イエローエンジェル」は定番品種だ。オンシジウムは花持ちが良く、通常10日、冬は3週間ほど楽しめる　2.赤茶色の差し色が入った「サムライオー」　3.生産者の望月武宏さん。部会では6軒がオンシジウムを手がける

貴婦人のようにも、羽を広げた蝶にも見える洋ラン、オンシジウム。華やかな黄色が花束や祝いの場を彩る花として喜ばれる。清水区興津、小島地区は洋花づくりが盛んで、特にオンシジウムは国内有数の産地。洋ランは湿気を好むため、山あいの渓谷に川が流れるこの地域は栽培に向くという。

定番の黄色系以外の品種導入にも力を入れ、甘い香りの「シャリーベイビー」は絶大な人気を誇る。オンシジウム生産者を含む洋花部会は、小学校などで清水産の花でアレンジメント教室を開き、花を慈しむ気持ちを育てる「花育」活動も行っている。ＪＡしみずグリーンセンター、興津の朝市（ＪＡしみず興津支店前、月〜金午前のみ）で買うことができる。

《問い合わせ》ＪＡしみず集出荷センター
☎054・367・6111

ほかにもいろいろ静岡市の花

ガーベラ

キク

ダリア

しきみ

加工バラ

きよさわ里の駅の「いのししコロッケ」と「きんつば」

旬の恵みと豊かな自然に出合える!

直売所&オクシズ癒しのスポット

海沿いから山間地まで、
南北に広い静岡市には、
旬の食材が買える農水産物直売所が点在。
さらに、市の3/4を占める
山間エリア「オクシズ」は、
訪れる人を楽しませる美しい景観や
魅力的なスポットが満載です。
休日は直売所やオクシズをめぐって、
気持ちのいい時間を過ごしませんか?

うつろぎ「わさび飯」

玄国茶屋のお母さんたち

黄金の里「みそこんにゃく」

直売所

1 JAしみずグリーンセンター 由比蒲原店
住 静岡市清水区由比186-1
T 054-377-0377
営 8:00〜18:00 休 1/1〜1/4

2 由比港漁協直売所
住 静岡市清水区由比今宿字浜1127
T 054-377-1111 営 8:00〜18:00
休 月曜、祝日の翌日、盆・年末年始

3 産直プラザふれっぴー興津店
住 静岡市清水区興津中町423-5
T 054-369-2288
営 9:30〜19:00 休 年始のみ

4 産直プラザふれっぴー小島店
住 静岡市清水区但沼町532-1
T 054-393-3939
営 9:30〜19:00 休 年始のみ

5 JAしみずグリーンセンター
住 静岡市清水区庵原町575-8
T 054-367-2112
営 8:00〜18:00 休 1/1〜1/4

6 JAしみず アンテナショップきらり
住 静岡市清水区庵原町3313-1
T 0120-322-064
営 9:00〜17:00 休 月・火曜(祝日は営業)

7 産直プラザふれっぴー庵原店
住 静岡市清水区庵原町1
T 054-367-3228
営 9:30〜19:00 休 年始のみ

8 産直プラザふれっぴー飯田店
住 静岡市清水区下野緑町15-35
T 054-365-2822
営 9:30〜19:00 休 年始のみ

9 産直プラザふれっぴー梅ケ谷店
住 静岡市清水区梅ケ谷195
T 054-346-9375
営 9:30〜19:00 休 年始のみ

10 産直プラザふれっぴー大坪店
住 静岡市清水区大坪2-3-10
T 054-347-1777
営 9:30〜19:00 休 年始のみ

11 産直プラザふれっぴー川原店
住 静岡市清水区川原町1-22
T 054-351-3033
営 9:30〜19:00 休 年始のみ

12 南部じまん市
住 静岡市駿河区曲金5-4-70
T 054-203-4118
営 9:00〜18:00 休 盆・正月

13 あさはたじまん市
住 静岡市葵区北1-8-53
T 054-249-1005
営 9:00〜18:00 休 盆・正月

14 しづはたじまん市
住 静岡市葵区下1458-32
T 054-294-1400
営 9:00〜17:00 休 水曜、盆・正月

15 北部じまん市
住 静岡市葵区北番町86
T 054-272-2100
営 9:30〜18:00 休 盆・正月

16 長田じまん市
住 静岡市駿河区鎌田35-2
T 054-268-3111
営 9:00〜18:00 休 盆・正月

17 清水漁協用宗支所直売所
住 静岡市駿河区用宗2-18-1
T 054-256-6077
営 9:00〜16:45(土日・祝15:00まで)
休 盆・年末年始

18 アグリロード美和
住 静岡市葵区安倍口新田537-1
T 054-296-7878
営 9:30〜15:00(土日・祝8:30〜15:30)
休 年始

地産地消弁当のコンテストで農林水産大臣賞に輝いた「生消菜言弁当」(要予約)

19 茶の実
住 静岡市西ケ谷総合運動場前
T 054-296-0144(秋本房子さん)
営 7:00〜11:00 休 日曜のみ営業

20 しんま路
住 静岡市葵区新間1085-3
T 054-277-9133
営 8:30〜16:00 休 盆・年末年始

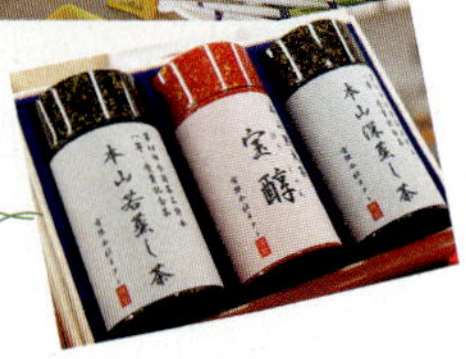

高品質な静岡本山茶

21 水見色きらく市
住 静岡市葵区水見色808-1
T 054-279-0766
営 9:00〜17:00(11〜3月は9:00〜16:00)
休 火曜、第1・3木曜

22 ふるさと茶屋
住 静岡市葵区赤沢51-1
T 054-295-3103 営 9:00〜16:00
休 月・金曜、(祝日は営業)年末年始

23 きよさわ里の駅
住 静岡市葵区相俣200
T 054-295-3783 営 9:00〜16:00
休 月曜(祝日の場合は翌日)、年末年始12/28〜1/4

25 笑味の家/食事処たけのこ
住 静岡市清水区西里1308-1
T 054-395-2229 営 10:00〜16:00
休 月曜(祝日の場合は翌日)、年末年始12/31〜1/5

26 真富士の里
住 静岡市葵区平野1097-38
T 054-293-2255
営 8:00〜17:00(12〜3月は8:30〜16:30)
休 5月茶摘み期不定休/年末年始

27 うつろぎ
住 静岡市葵区有東木280-1
T 054-298-2900
営 10:00〜15:00 土日・祝9:00〜16:00
休 第3火曜、5月茶摘み期不定休/年末年始

28 MUSHしむら農園
住 静岡市葵区入島1029-4
T 054-269-2055
営 8:00〜18:00 休 不定休

29 志村農園
住 静岡市葵区梅ケ島2512
T 090-7434-0230
営 4〜11月の10:00〜15:00
休 不定休

31 黄金の里
住 静岡市葵区梅ケ島5342-2
T 054-269-2211
営 10:00〜16:00 休 月曜(祝日の場合は翌日)年末年始12/29〜1/1

黄金そば膳定食

34 アルプスの里
住 静岡市葵区井川2765-1
T 054-260-2573
営 9:00〜16:00 休 月曜(祝日の場合は翌日)12/27〜1/5

40 玄国茶屋
住 静岡市葵区湯ノ島302-1
T 054-291-2821
営 9:30〜16:00
休 木曜(祝日は営業/翌日休み)

「山菜そば」と「そばまんじゅう」

41 杉尾はなのき
住 静岡市葵区杉尾73-29
T 054-295-3515
営 10:00〜15:00(4月〜9月は17:00まで)
休 火・木曜、年末年始12/29〜1/3

42 大畑牧場
住 静岡市葵区杉尾292-22
T 054-295-3641
営 要問合せ

志村農園

オクシズ癒しのスポット
←情報は次ページへ
畑薙湖
南アルプス赤石温泉 33
「白樺荘」
大井川
32 梅ケ島新田温泉
「黄金の湯」
31 黄金の里
30 日影沢親水園
「魚魚の里」
大井川鉄道井川線
34 アルプスの里
井川湖
いかわ
35 井川湖畔遊歩道
(廃線小路)
かんぞう
志村農園 29
MUSHしむら農園 28
27 うつろぎ
36 口坂本温泉浴場
38 大間縁側お茶カフェ
37 おおさわ縁側カフェ
静岡市
真富士の里 26
39 湯ノ島温泉浴場
40 玄国茶屋
41 杉尾はなのき
42 大畑牧場
24 清水西里温泉浴場
「やませみの湯」
25 笑味の家&
食事処たけのこ
清水区
新清水IC
由比地区
富士川ISA
ふじかわ
蒲原地区
葵区
6 JAしみず
アンテナショップ
きらり
産直プラザ
ふれっぴー小島店
4
8 産直プラザ
ふれっぴー飯田店
5 JAしみず
グリーンセンター
9 産直プラザ
ふれっぴー梅ケ谷店
JR東海道新幹線
JR東海道線
かんばら
しんかんばら
ゆい
1 JAしみずグリーンセンター
由比蒲原店
2 由比港漁協直売所
ふるさと茶屋
22
23
きよさわ里の駅
21
水見色きらく市
新静岡IC
清水いはらIC
しづはたじまん市 14
13 あさはたじまん市
7 産直プラザ
ふれっぴー
庵原店
新東名高速道路
18
アグリロード美和
清水IC
おきつ
興津川
駿河湾
茶の実 19
20 しんま路
静岡スマートIC
しみず
しんしみず
3 産直プラザ
ふれっぴー興津店
北部じまん市
15
静岡鉄道
くさなぎ
産直プラザ 11
ふれっぴー川原店
10 産直プラザ
ふれっぴー大坪店
しんしずおか
ひがししずおか
しずおか
12
南部じまん市
駿河区
東名高速道路
静岡IC
あべかわ
長田じまん市 16
17
もちむね
清水漁協
用宗支所
直売所
安倍川

Okushizu

オクシズとは…

市街地が市全域の20%程度で、そこに人口の95%が暮らす静岡市。残りの80%を占める山間地は、自然が豊かで昔ながらの暮らしや文化、美しい風景が息づいています。静岡市では奥清水、奥藁科、安倍奥、奥大井の4地域をオクシズと称しその魅力を幅広くPRしています。

のんびり湯ったり、ぽっかぽか 本日はオクシズ日和！

市街地からほんの少し車を走らせるだけで、心がぽっと温まる、田舎の風景に出合えるのも静岡市の魅力です。家族連れや気の合う仲間、カップル、一人旅でも楽しめる、「オクシズ癒しのスポット」を紹介します。

map 30 日影沢親水園 魚魚《とと》の里

元気なヤマメを釣って、食べて オンリー１のワクワク体験

初心者や子どもでも、簡単に養殖ヤマメの釣りやつかみ取りが楽しめ、その場で食べられる。獲れたてを炭火で焼いた塩焼きはホックホクでおいしさは感動モノ。併設の「魚魚の家」では囲炉裏を囲んでヤマメ料理や山菜料理を堪能できる。周辺にはアスレチックやハイキングコースもあるので一日かけて梅ケ島を満喫しよう。

静岡市葵区梅ケ島5036-2
☎054･269･2380

- 営業／釣り池10:00～17:00、魚魚の家10:00～16:00
- 定休日／月曜（祝日営業、翌日休み）
- 料金／釣り池1500円（4匹まで）
- 耳より情報／「ヤマメのかば焼き丼」1000円、「ヤマメ料理コース」2000円～、「バーベキュー」2000円～（要予約）

map 32 梅ケ島新田温泉 黄金の湯

新緑も紅葉も堪能できる 四季に彩られた美肌の湯

市街地から車で約70分北上した、標高800mのさわやかな空気と山の風景に抱かれた公共温泉。露天風呂は鶴山の木々が間近に迫り、春は桜、夏は新緑、秋は山桜と四季折々の美しい風景が眺められる。無色透明でとろみのある湯は、肌がしっとりすると言われている。食事処「黄金の里」では蕎麦定食やみそこんにゃくを。

静岡市葵区梅ケ島5342-3
☎054･269･2615

- 営業／9:30～17:30 ※12～3月は～16:30
- 定休日／月曜（祝日営業、翌日休み
- 料金／大人（中学生以上）700円、子ども（3歳～小学生）300円
- 泉質／ナトリウム-炭酸水素塩泉
- 風呂／露天＝男1女1、内湯＝男1女１

map 24 清水西里温泉浴場 やませみの湯

湯あたりの優しい茶色の湯 公園散策も楽しめる

JR清水駅から車で約40分。「清水森林公園やすらぎの森」内の市営温泉。薄い茶褐色の湯は、鉄分が豊富な塩化物泉。湯冷めしにくく疲労回復によいとされる。広々とした露天風呂には源泉かけ流しと地元産の竹酢・竹炭入りの変わり湯があり、かけ流しの方はぬるめでじっくり浸かることができる。

静岡市清水区西里1449
☎054･343･1126

- 営業／9:30～18:00 ※土日祝日は～19:30
- 定休／月曜（祝日営業、翌日休み）
- 料金／大人700円、子ども300円
- 泉質／ナトリウム･カルシウム-塩化物泉
- 風呂／露天=男3女3, 内湯＝男1女1
- 耳より情報／園内の「笑味の家＆食事処たけのこ」では手作りのコロッケやこんにゃくなどが買え、蕎麦打ち体験などもできる。

生かそう、ブランド力！ 新たな魅力づくりに期待

祝「南アルプスユネスコエコパーク」認定！

3000m級の南アルプスから、最大深度2500mで日本一深い駿河湾まで、標高差5500mの自然環境を有する静岡市。これは世界的にも稀で、2014年、自然環境と共生してきた歴史や文化が世界に認められ「ユネスコエコパーク（生物圏保存地域）」に登録された。海外では世界遺産認定と同レベルに捉える国もあるエコパーク認定。そのブランド力を生かした特産品やエコツーリズムの開発が、今後注目を集めそうだ。

map 37 おおさわ縁側カフェ

セルフサービスで山のお茶と素朴なお茶請けに舌鼓

安倍奥玉川地域にある山と茶畑に囲まれた大沢地区は、JR静岡駅から車で約50分。昔ながらの人と人とのつながりが息づくこの場所で、毎月第2・第4日曜に開かれるのが「おおさわ縁側カフェ」。大沢地区23世帯は大半が茶農家。各農家が縁側を開放し、家ごとに特徴がある自慢のお茶とお茶請けをふるまう。

静岡市葵区大沢の集落
☎054・292・2656
(大沢振興会・内野昌樹さん)

- 営業／毎月第2・第4日曜　時間は春・夏(4～10月)10:00～15:00頃、秋・冬(11～3月)10:00～14:00頃
- 料金／一律300円(セルフサービス)
- お薦めイベント情報／●お茶まつり＝6月に大沢の茶農家が自園自製の茶を持ち寄り、最優秀賞を決める品評会を行う ●お日待ち＝10月4日に集落内の白髭八幡神社で五穀豊穣を祈願 ●秋の感謝祭=しし鍋の提供や農産物・加工品の販売等を実施(実施日・内容は要問合せ)

map 33 南アルプス赤石温泉 白樺荘

南アルプスを目の前に望む オクシズ最北の秘湯

南アルプスの麓、畑薙第二ダム近くにある静岡市最北の市営温泉。2009年にリニューアルし毎分300ℓを誇る源泉は、湯の花が浮く硫黄泉。露天風呂から眺める茶臼岳や上河内岳など南アルプスの絶景はここまで来たご褒美だ。食堂では鹿刺し定食やしし鍋、ヤマメ塩焼きなどが人気。大部屋休憩室や宿泊設備も整う。

静岡市葵区田代1110-5
☎054・260・2021

- 営業／10:00～18:00 ※12～3月は～17:00
- 定休日／火曜(祝日営業、翌日休み)※8・11月は無休
- 料金／温泉は大人(中学生以上)510円、子ども(小学生以下)200円、宿泊は1泊大人4110円、子ども2050円(食事は別途)
- 泉質／単純硫黄泉
- 風呂／露天＝男1女1、内湯＝男1女1

map 38 大間縁側お茶カフェ

あったかい笑顔に会いに行く 天空の縁側カフェ

標高800m地点で目前に広がるのは、美しい茶畑と雄大な山々。天空の里・大間で縁側を開放した農家が緑茶と手作りのお茶請けで客人をおもてなしするこちらの縁側カフェは、月2回、第1・第3日曜に開催。地域の人や他の観光客との交流も楽しみの1つだ。事前予約で「おすそわけ農園」の野菜や緑茶が買えるのも魅力。

静岡市葵区大間133-39
☎054・291・2657

- 営業／第1・第3日曜の11:00～16:00
- 定休日／上記以外
- 料金／一律300円(お茶＆お茶請けサービス付き)
- お薦めイベント情報／
  ●シイタケ狩り＝3月下旬～4月下旬
  ●おすそわけ農園＝通年(要予約)60分、参加費は各農家に問合せを

map 35 井川湖畔遊歩道

ノスタルジック＆冒険気分で 廃線利用の遊歩道を歩く

大井川鐵道井川駅から徒歩で約10分。井川ダムから堂平広場を結んだダム建設当時の廃線を整備した遊歩道は2013年にオープン。「廃線小路」の愛称で呼ばれ、湖畔を散策できる。昔のレールやトンネルが当時のまま残り、レトロでノスタルジックな雰囲気だ。「夢の吊橋」や「井川大仏」を巡るハイキングもおすすめ。

静岡市葵区井川字西山沢1956-1(中部電力井川展示館奥)
☎054・260・2211
(静岡市役所井川支所)

- 入場無料

map 39 湯ノ島温泉浴場

耳に心地よいせせらぎと 田舎の味わいに心身がほどける湯

藁科川上流の大川地区にある市営温泉。男女とも内湯が一つずつのみだが、眺めがよく疲れを癒すにはもってこいのロケーション。ぬめりのある湯は体がよく温まると好評だ。広い休憩室は気ままな昼寝にも最適で、隣接の「玄国茶屋」では地元のシイタケやワラビがのった蕎麦やお餅、饅頭、味噌おでんなどが味わえる。

静岡市葵区湯ノ島304-3
☎054・291・2177

- 営業／9:30～16:30(最終入館16:00)
- 定休日／木曜(祝日営業、翌日休み)
- 料金／大人500円、子ども200円
- 耳より情報／隣の玄国茶屋では「そば饅頭」1個110円、「五色なんばん」(漬物)250円
- 泉質／ナトリウム-炭酸水素塩泉
- 風呂／内湯＝男1女1

map 36 口坂本温泉浴場

山あいの自然を満喫する とろみのある質感が評判の湯

安倍川の支流、中河内川上流にある素朴な山間のいで湯。オクシズの大自然に囲まれた静かで素朴な浴場は、川沿いにあるため、せせらぎと山の緑を愛でながらのんびりくつろげる。とろとろとした湯質で肌がつるつるになると好評。休憩室に持込みがOKで館内の出入りも自由なので周辺の散策を楽しみながら滞在できる。

静岡市葵区口坂本652
☎054・297・2155

- 営業／9:30～16:30(最終入館16:00)
- 定休日／水曜
- 料金／大人(中学生以上)300円、子ども(小学生以下)100円
- 泉質／ナトリウム-炭酸水素塩泉(アルカリ性泉)
- 風呂／露天＝男1女1、内湯＝男1女1

選ぶのが楽しい!! 暮らしを彩るアラカルト

JAの 産直スポットへ出かけよう!

新鮮でおいしくて価格もお手頃。長さや大きさにもいろいろあって、掘り出し物にも出合える。

そんなわくわく感があるのも直売所の魅力です。

アイデア満載の加工品やお惣菜、季節の限定品も見逃せません。

旬を感じる産直スポットに出かけてみませんか?

JAしみず

map 6 アンテナショップきらり

折り紙付きの清水の逸品。贈答品選びにも最適

庵原球場向かいにオープンした「きらり」は、JAしみずに集まる旬の産物から味、質ともに最上級グレードを中心に扱う、清水の極上の味に出合える場所。希少な「倉沢びわ」や家康公に献上された「折戸なす」をはじめ、翡翠色のギンナン、濃厚な甘みのみかん、イチゴから清水の海産物まで揃うので、贈答品を考える時に来ても便利。メールマガジンでお得情報をいち早く発信中。「幸せのお茶 まちこ」や清水の各産地別の緑茶が店内で飲み比べられるのは、さすが歴史ある茶産地・清水だ。

住/静岡市清水区庵原町3313-1
☎/0120-322-064
営/9:00~17:00
休/月・火曜日(祝日は営業)
P/10台

世界遺産・富士山と羽衣の松がかわいい「清水のお茶ボトル缶」。桜葉の香りがする「まちこ」をブレンド。

清水産茶葉と水出し用ボトルのセットはギフトに好評。

気になる緑茶は試飲可能なのがうれしい。

青島みかんやぽんかん、はるみ、こん太など季節ごとに替わる柑橘類も楽しみ。

上品な味と香りで人気上昇中の清水産和紅茶。

フルーティーな食味の「レッドオーレ」は袋入り。

桜えびやしらす加工品も。

4月頃にはスルガエレガントも店頭に並ぶ。

ミカンの開花時期に巣箱を設置し採集した清水産ハチミツ。

「紅ほっぺ」など清水産のイチゴは冬から春頃まで。

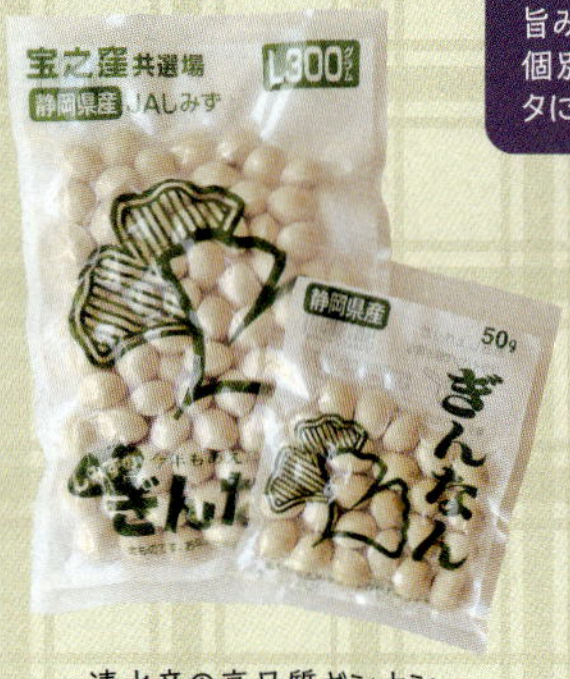

清水産の高品質ギンナン。真空パックで鮮度が長持ち。

旨みが濃厚な「折戸なす」は個別包装。手土産や話のネタに気軽に買ってみては。

map 5 グリーンセンター

野菜や果物のほか質の高いバラなど切花も必見

住/静岡市清水区庵原町575-8
☎/054-367-2112
営/8:00~18:00
休/1月1日~4日 P/40台

map 1 グリーンセンター 由比蒲原店

女性部手作りの味噌やジャム、手作り惣菜も人気

住/静岡市清水区由比186-1
☎/054-377-0377
営/8:00~18:00
休/1月1日~4日 P/16台

その他の産直市

清水区に2カ所あるグリーンセンターでは、朝採り野菜や果物をはじめ、漬物や味噌など手作りの加工品、切花や花木、野菜苗、肥料や農薬、農業用資材なども扱う。米がお得に手に入る特売日も定期的に実施している。

ほかにJAしみずサービス直営のスーパー「ふれっぴー」では産直コーナー「清水野菜村」で旬の味が揃う。

JA静岡市

map 12 南部じまん市

「おいしい!」を一堂に。人気の品は早い者勝ち

登録農家数は640という市内最大規模の産直市場がここ。開店と同時にどっと流れ込んだ客が一目散にお目当ての売り場へ向かう。所狭しと並ぶ商品は種類も多く、スーパーでは見かけない珍しい野菜なども並び、宝探しを楽しむ気分で買い物ができる。女性部手作りのお弁当や惣菜、パン、ケーキ、菓子類も人気で種類の多さはじまん市5店中一番。用宗漁港直送の鮮魚や生しらす、好みに応じて精米してもらえる米売り場やオクシズの緑茶、菌床栽培のキノコなど市内全域の美味が手に入る。

住／静岡市駿河区曲金5-4-70
☎／054･203･4118
営／9:00～18:00
休／盆と正月以外は無休
P／117台

「紅ほっぺ」のほか、観光イチゴ園が多い久能ならではの「章姫」も。

オリジナリティの光る便利なセット野菜。

家庭の味が好評のお弁当や惣菜。

切花から枝物まで。花持ちがよく価格も手頃。

パンやクッキーはギフト用に詰め合わせも。

朝採れ葉物野菜は午前中が狙い目。

地元本山育ちのむかごや自然薯は秋に登場。

ワサビ栽培発祥の地・有東木などから届く本場の味はお土産にも最適。

白ブドウ果汁に本山茶の茶葉を加えて醸造した「本山茶緑茶ワイン」500ml入り1080円

じまん市オリジナルジャム

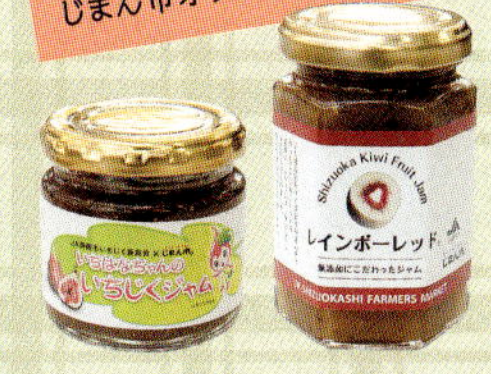

するが牛は週末に1000円で登場。月1度、880円で特別販売あり！

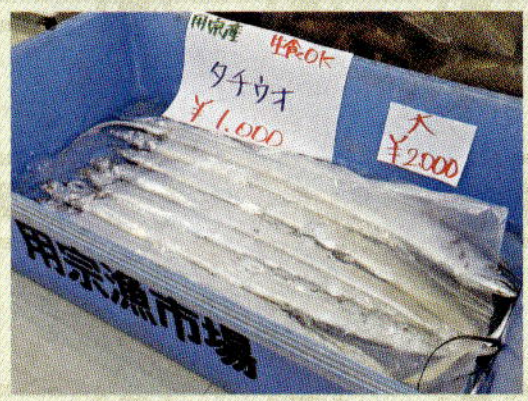

三枚おろしまで無料の鮮魚。活用しない手はない。

料理人も注目の黒キャベツなど珍しい野菜も。

作り手により個性いろいろの味噌やワサビ漬け。

map 14 しづはたじまん市

しづはたの幸が集合！オクシズ観光資料も常備

住／静岡市葵区下1458-32
☎／054･294･1400
営／9:00～17:00
休／水曜、盆と正月　P／30台

map 16 長田じまん市

清水漁協直営の鮮魚コーナーは必見

住／静岡市駿河区鎌田35-2
☎／054･268･3111
営／9:00～18:00
休／盆と正月以外は無休　P／100台

map 15 北部じまん市

毎日、日替わりの実演販売が人気

住／静岡市葵区北番町86
☎／054･272･2100
営／9:30～18:00
休／盆と正月以外は無休　P／60台

map 13 あさはたじまん市

女性部の惣菜や名物あさはた蓮根が豊富

住／静岡市葵区北1-8-53
☎／054･249･1005
営／9:00～18:00
休／盆と正月以外は無休　P／50台

じまん市　その他店舗

県内初のJA直営農産物直売所だった「あさはたじまん市」の開店以降、着々と店舗を増やし今では市内に5店。顔の見える安心安全な品を揃えているので商品を並べる生産者に会ったら気軽に調理法などを聞いてみよう。

メルマガ会員には各店のお得情報や旬のレシピが配信されるので要チェックだ。

“旬”を“彩”る逸品が勢ぞろい!

静岡IPPINマルシェ

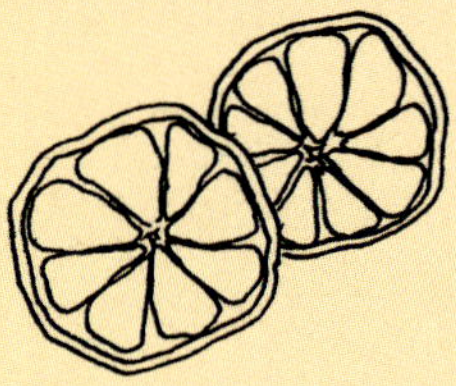

これまで本書で紹介してきた数々の特産品から、
お取り寄せや贈り物にも使えるセットアイテムをご紹介。
食べてみたい、そして人にも贈ってみたくなる逸品を揃えました。
旬の彩りにあふれるIPPINマルシェ、開店です。

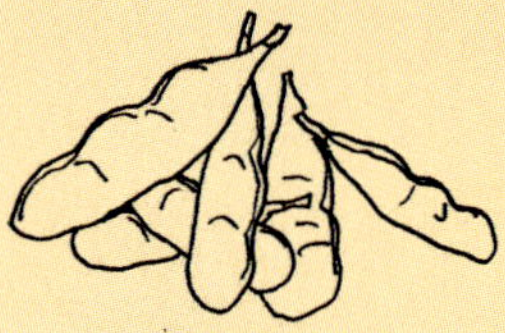

取扱いは1月中旬～8月中旬と10月上旬～12月上旬。「しずおか食セレクション」認定商品。

一年中いつでも、採れたてのおいしさを

枝豆(駒豆)

枝豆と言えばビールと一緒に味わう夏の味覚の代表格だが、静岡市では一年中採れたてで鮮度抜群の枝豆が味わえる。清水区三保・駒越地区で栽培する「フジエス枝豆」がそれだ。使い易い小袋入りの商品「駒豆」は、開封後すぐに茹でられる手軽さが便利。枝豆に含まれるメチオニンはアルコールの分解を促し肝臓や胃を守るので、二日酔いにも効くそうだ。ほんのり甘くさわやかな風味を、塩茹でだけでなく混ぜご飯やサラダでも味わおう。

問い合わせ

JAしみず アンテナショップきらり

[住]静岡市清水区庵原町3313-1
[TEL]0120-322-064　[FAX]054-365-1616
[営]9:00～17:00　[休]月・火曜(祝日の場合は営業)
[申]TEL・FAX・インターネット
http://www.ja-shimizu.org/p_353.html
[¥]1袋400円から(季節により変動あり・税込・送料別)

取扱いは2月上旬～3月中旬。興津の果樹研究所で開発された「はるみ」は生まれ故郷の清水産が一番!

ミカン王国清水から、春らしい味覚をお届け

清水産 はるみ

柔らかい皮は手で簡単にむけ、ジューシーでみずみずしい果肉はサクサクとした食味に優れて弾力があり、口の中でプチプチと弾ける。「清見」と「ポンカン」を両親に持ち、双方の長所を持って誕生した「はるみ」は、ミカンの味に人一倍こだわる人や珍しいフルーツが好きな人にぜひ味わってほしい春の味覚。静岡県が誇る優れた農産物として「しずおか食セレクション」にも認定されているので県外の人にも自信を持って届けられる銘品だ。

問い合わせ

JAしみず アンテナショップきらり

[住]静岡市清水区庵原町3313-1
[TEL]0120-322-064　[FAX]054-365-1616
[営]9:00～17:00　[休]月・火曜(祝日の場合は営業)
[申]TEL・FAX・インターネット
http://www.ja-shimizu.org/p_353.html
[¥]5kg箱3800円前後(相場により変動あり・税込・送料別)

取扱いは3月。1月下旬頃から収穫し、酸が切れるまで約1カ月貯蔵する。

上品な香りとさわやかな甘み

静岡産 スルガエレガント

1960年代に「甘夏」と「文旦」を掛け合わせて誕生した「スルガエレガント」は、静岡市特産の甘夏の仲間。さわやかな甘さとまろやかな香りが特徴で、かつては「駿河甘夏」と呼ばれていたが、その上品な味わいから「スルガエレガント」と商標登録された。主に葵区の瀬名やあさはた地区で栽培されている。どれを食べても味にばらつきが無く、贈り物にも安心して使える。皮が柔らかくなめらかなので、マーマレードやオレンジピールにしても美味。

問い合わせ

ＪＡ静岡市 直販課

[住]静岡市駿河区曲金5-4-70

[TEL] 054-288-8442　[FAX]054-281-7026

[営] 8:30〜17:00　[休] 土・日曜、祝日

[申]TEL・FAX・インターネット

http://shizuoka.ja-shizuoka.or.jp

[￥]10kg箱（Ｌサイズ）3870円（相場により変動あり・送料＆税込）

取扱いは4〜7月初旬。白い部分を2cm大に切り、麺つゆに漬けた即席漬けはクセになるおいしさ。

出荷の早さは全国トップ！ 砂地で育つ高級品

葉しょうが

栽培日数の管理や出荷規格の徹底で、味も見た目も高級品として知られる久能産葉しょうが。全国のどこよりも早い3月初旬に出荷するその味わいは、他産地産とは明らかに違う。筋がなくシャキシャキした食感と絶妙な辛さ加減が特徴で、酒のつまみにお酒好きの人に贈っても喜ばれそう。生を味噌と一緒に食べる定番の食べ方のほか肉巻きを焼いたり天ぷらにしたり、刻んでサラダにしたり…。産地ならではの多彩な食べ方も提案したい。

問い合わせ

ＪＡ静岡市 直販課

[住]静岡市駿河区曲金5-4-70

[TEL]054-288-8442　[FAX]054-281-7026

[営]8:30〜17:00　[休]土・日曜、祝日

[申]TEL・FAX・インターネット

http://shizuoka.ja-shizuoka.or.jp

[￥]1kg（10束入）2730円前後（相場により変動あり・送料＆税込）

徳川家康公顕彰四百年を記念した新商品。「葵じまん」、「麻機れんこん羊羹」は単品でも販売可。

家康公ゆかりの逸品2品を化粧箱入りで

静岡茶 葵じまん・麻機れんこん羊羹セット

徳川家康が好んで食べたという逸話が残る麻機地区の特産・麻機れんこん。これを刻んでじっくり蜜に漬け、自慢の蒸し羊羹で包んだ「麻機れんこん羊羹」は角切り蓮根の食感がアクセント。白・練・茶の3つの味をセットにしたこの羊羹と、厳選静岡本山茶「葵じまん」を組み合わせた商品がJA静岡市から発売された。静岡本山茶と言えば家康公に御用茶として献上されたお茶。丁寧仕上げの2品は、安らぎのひと時のお供にも喜ばれそうだ。

問い合わせ

ＪＡ静岡市茶業センター

[住]静岡市葵区北番町86

[TEL]054-272-2111　[FAX]054-271-2642

[営]9:00〜17:00　[休]土・日曜、祝日

[申]TEL・FAX・E-mail

seian@shizuoka.jp-shizuoka.or.jp

[￥]静岡茶「葵じまん」100ｇ袋＋「麻機れんこん羊羹3種（60ｇ×9個）」で3100円（税・送料別）

取扱いは12～4月上旬。採れたての完熟イチゴを丁寧にお届け。

もらった人がきっと笑顔になる完熟大粒イチゴ

紅ほっぺ

「ほっぺが落ちるほどコクがあっておいしく、多くの人に親しみを持ってもらえるイチゴに」という願いを込めてネーミングされた静岡生まれの「紅ほっぺ」。適度な歯応えがあり甘味と酸味のバランスもいいため、2002年の品種登録から10年足らずで今や静岡イチゴの代名詞と言える人気を誇る。大粒で見栄えも良く、コクのあるイチゴは、パーティーや年末年始の人が集まる機会への手土産はもちろん、特別な日の食卓にも重宝しそう。

問い合わせ

ＪＡ静岡市 直販課

[住]静岡市駿河区曲金5-4-70
[TEL]054-288-8442　[FAX]054-281-7026
[営]8:30～17:00　[休]土・日曜、祝日
[申]TEL・FAX・インターネット
http://shizuoka.ja-shizuoka.or.jp
[￥]DXパック4パック入り2920円（季節により変動あり・送料＆税込）

取扱いは通年。新米の季節を待ちわびる声も年々増えてきている。

献上米に選ばれたブランド米は甘さと食感が特徴

しみずの風 こしひかり

2014年に皇室への献上米に選ばれたことで話題を集めた「しみずの風　こしひかり」は、JAしみず耕種研究会が丹精込めて栽培するブランド米。清水は山間部が多く水田が少ないため、30年ほど前から会員が所有する袋井市など県西部の田んぼで出張栽培をしている。甘さと粘りを引き出すために肥料を制限し、収穫・乾燥・調製管理を統一。甘みのあるしっかりとした粒、もちもちとした食感は、炊きたてはもちろん冷めてもおいしいと評判。おにぎりやお弁当も一段とおいしくなるはずだ。

問い合わせ

ＪＡしみず アンテナショップきらり

[住]静岡市清水区庵原町3313-1
[TEL]0120-322-064　[FAX]054-365-1616
[営]9:00～17:00　[休]月・火曜(祝日の場合は営業)
[申]TEL・FAX・インターネット
http://www.ja-shimizu.org/p_353.html
[￥]5kg袋2200円から（税込・送料別）

取扱いは通年。この組み合わせ以外にも多彩な清水産緑茶を組み合わせられる。

緑茶2種類に、2つの味わいの羊羹を添えて

清水のお茶・羊羹セット

お茶が元気に育つ栽培法にこだわった特定園地の茶葉を使用した中蒸し茶「清水のお茶 原点仕立て」と、桜葉の香りが話題の「幸せのお茶 まちこ」の2種類に、新発売のお茶羊羹をセット。羊羹は緑茶味と和紅茶味の2種類で、両方とも原料の茶葉は清水産100％。緑茶味は、濃厚な緑茶フレーバーが楽しめて黒豆大豆入り。和紅茶味はマイルドで華やかな香り。甘さ控えめの羊羹とお茶は、双方においしさを引き立ててくれそう。

問い合わせ

ＪＡしみず アンテナショップきらり

[住]静岡市清水区庵原町3313-1
[TEL]0120-322-064　[FAX]054-365-1616
[営]9:00～17:00　[休]月・火曜(祝日の場合は営業)
[申]TEL・FAX・インターネット
http://www.ja-shimizu.org/p_353.html
[￥]羊羹2種（5個）＋お茶2種（清水のお茶 原点仕立て100g・幸せのお茶 まちこ®80g）2970円（税込・送料別）

取扱いは通年。生桜えび（冷凍）の商品は特産地ならでは。

獲ってすぐ急速冷凍。だからおいしさが違う！

駿河湾産 生桜えび（冷凍）

定番のかき揚げはもちろん、炊き込みご飯や炒め物、パスタなどにもおいしい桜えび。獲れたてでピチピチの生を200gのパックに詰めて急速冷凍した商品は、待ち焦がれる人が多い贅沢な品。近年は台湾産など海外産の商品も増えているが、由比で水揚げされた駿河湾産は甘味と旨味が格別。桜えびが持つ発光体の数が決め手で、台湾産より1. 5倍以上多く糖度も高いなど、おいしさは数値にも表れている。

問い合わせ

由比港漁業協同組合 直売所

［住］静岡市清水区由比今宿字浜1127
［TEL］054-377-1111 ［FAX］054-377-1112
［営］8：00～17：00
［休］月曜、祝日の翌日、年末年始
［申］TEL・FAX・インターネット
http://www.yuikoi.jo/net.htmlにFAX専用注文書およびネット販売専用フォームあり）
［¥］1パック200ｇ1250円（平成27年1月現在。相場により変動あり・税込・送料別）

取扱いは通年。旨みたっぷりの用宗産をぜひ楽しんでほしい。

ふんわり絶妙な茹で具合と塩加減も好評

用宗産 釜揚げしらす

用宗のしらすがおいしい理由はその漁法にある。2隻で網を引いて漁獲したしらすを、別の運搬船が直ちに港へピストン輸送。水揚げ後すぐ競りにかけ、漁協で加工するので鮮度の良さは折り紙付きだ。丼にしても良し、大根おろしや刻みネギと和えてそのまま食べても良し。釜揚げのほか「天日干しちりめん」や、炙って食べる「たたみいわし」、透明感とプリプリ食感が自慢の「生しらす」なども相談に応じる。

問い合わせ

清水漁業協同組合用宗支所 直売所

［住］静岡市駿河区用宗2-18-1
［TEL］054-256-6077 ［FAX］054-256-6077
［営］9：00～16：45(土日・祝は～15：00)
［休］年末年始、臨時休業あり
［申］FAX ※詳細はTELで要確認
［¥］100ｇ単位から金額指定可能。100ｇ280～350円程度（相場により変動あり・税込・送料別）

きりとり

52円切手を
お貼りください

424-8701

静岡市清水区旭町6番8号

静岡市役所農業政策課
「しずおか旬彩アラカルトプレゼント」係

きりとり

住所 〒		
氏名	男・女	年齢
☎	職業	

〔個人情報の取り扱いについて〕お送りいただいた個人情報は、抽選と発送のために利用し、その目的以外での使用はいたしません。

「しずおか旬彩アラカルト」アンケートに答えて旬の農産物を当てよう!!

（4000円相当）

応募ハガキに掲載しているアンケートにご協力ください。アンケート回答者の中から抽選で20名様に、旬の農産物をプレゼントします（抽選結果は、賞品の発送をもってかえさせていただきます）。

■第1回抽選　平成27年5月末日（10名様）
■第2回抽選　平成27年11月末日（10名様）

※左の応募ハガキに52円切手を貼ってご応募ください。

＊この本に掲載している農水産物に関する問い合わせ先

●静岡市役所　農業政策課　TEL054-354-2091
●静岡市役所　水産漁港課　TEL054-354-2184

●清水漁業協同組合　TEL054-352-5044（代表のみ）
●由比港漁業協同組合　TEL054-376-0001（代表のみ）

インターネットでも発信中!!
静岡市の農水産物情報は「ZRATTOしずおか」へ。

ZRATTOしずおか　検索　http://zratto.com

静岡市の旬の食材、ズラッと紹介します。
ZRATTO! しずおか

●JA静岡市 直販課　TEL054-288-8442
https://jaeshop.ja-shizuoka.or.jp/
（JA静岡市ネットじまん市HP）

メルマガ登録QRコードはこちら　→

●JAしみず アンテナショップきらり　TEL0120-322-064
http://www.ja-shimizu.org/p_353.html

メルマガ登録QRコードはこちら　→

2015年3月24日　初版発行

＊編集・発行　㈱ 静岡新聞社
〒422-8033　静岡市駿河区登呂3-1-1 TEL054-284-1666

＊企画　しずおか旬の食材プロジェクト
情報誌策定委員会
（静岡市、静岡市農業協同組合、清水農業協同組合、清水漁業協同組合、由比港漁業協同組合）

＊取材　梶歩、柏木かほる、瀧戸啓美、遠山由美、西岡あおい

＊撮影　大石真弓、長谷部達也、望月やすこ

＊デザイン　komada design office、823design 利根川初美、塚田雄太

＊四季の料理
考案　遠山由美（P5、13、23、28、35）
器協力　うつわ暮らしの道具 テクラ（P4、12、22、34）

＊農家さん直伝レシピ考案　静岡市農業協同組合、清水農業協同組合

＊写真協力　稲垣栄洋、奥原有貴、田形治、白鳥義彦、Bar OZ、ラ・ペーシュ

＊印刷・製本　大日本印刷株式会社

ISBN978-4-7838-1961-5　C0036

※本誌掲載情報は2015年1月取材時のものです。営業時間、価格等に変動が生じた場合はご了承ください。

きりとり

「しずおか旬彩アラカルト」アンケートに答えて旬の農産物を当てよう!

【アンケート】

① 本誌をどこで知りましたか？
該当するものにマルをつけてください。
書店　新聞　インターネット　テレビ　ラジオ
その他（　　　　　　　　）

② 「静岡市」といえばどんな農産物をイメージしますか？
次のなかから3つ選んでマルをつけてください。
お茶　みかん　わさび　いちご　葉しょうが　枝豆
トマト　折戸なす　自然薯　その他（　　　　　　）

③ 本誌で紹介した農産物で、食べて（買って）みたいと思うものを3つお書きください。

①		②		③	

きりとり

④ あなたは農産物の旬（おいしく食べられる）の時期に、主に農産物をどこで購入しますか？
スーパーマーケット　農協のファーマーズマーケット（じまん市、ふれっぴー等）
オクシズの農産物加工販売所　朝市　インターネット販売
その他（　　　　　　　　）

⑤ 農産物を購入する際、何を重要視しますか？
価格　鮮度　安全性　産地
その他（　　　　　　　　）

⑥ 静岡市近海で獲れる水産物を「しずまえ鮮魚」と呼びますが、ご存知でしたか？
知っていた　知らなかった

⑦ 静岡市近海で獲れる水産物（しずまえ鮮魚）のうち、しらす・桜えびの他に思い浮かぶものを3つまでお答えください。
太刀魚　真鯛　あじ　いわし　さば　ひらめ
その他（　　　　　　　　）

⑧ 本誌をご覧になった感想やご意見がありましたら記入してください。
（　　　　　　　　　　　　　　　　）

ご協力ありがとうございました。